卑弥呼の孫　トヨはアマテラスだった
～禁断の秘史ついに開く～

伴　とし子

明窓出版

まえがき

アマテラスの原像を求めて

古代史には謎が多い。何かが隠され、さまざまな伝承も歴史も神も人も、その姿が曖昧にされている。その謎をひとつひとつ解くことによって、古代史の再構築が可能となるのではないだろうか。

歴史書である『日本書紀』に、なぜ浦島伝説があるのか。また、『丹後国風土記』逸文による羽衣伝説では、天女は家を富栄えさせたにもかかわらず急に冷たく家を追い出される。悲しく流浪し、最後は「豊宇賀能売命《トヨウカノメノミコト》」として祀られたのであるが、何故こうした迫害を受けなければならなかったのか。

私は、この悲しい天女の物語には、何か大きな歴史的事柄が隠蔽されているのではないだろうかと直感した。古代のこの丹後には、大きな歴史的悲しみがあったのではないか。この悲しさの中に、真実の歴史が隠されているのではないか。

こうして、私の文学的関心は、歴史的関心へと傾いたのだった。

そして、その謎を解く鍵こそ、宮津市にある丹後一の宮、籠神《この》社にある、籠神社に秘蔵されてきた国宝『海部氏系図』及び『海部氏勘注系図』、これを読み解くことがこの日本の歴史の謎になんらかの答えをくれるものと思ったのである。そして、この系図の解読を進めるにつれて古代の日本の姿が浮き彫りにされ、歴史の真実が実は思いもかけないところにあったことを知らされてゆくのであった。

こうした研究については、拙著『古代丹後王国は、あった』及び、『前ヤマトを創った大丹波王国』に資料紹介と解釈を交えすでに出版したところである。

今回、本書において、アマテラスという偉大なる太陽神の原像を追い求めることによって、古代史の迷路に一歩踏み込み、その核心に迫っていきたいと思う。

そして、私は、長い思考錯誤と、国宝『海部氏系図』『海部氏勘注系図』の研究の末、古代史の華と咲いた二人の女性、卑弥呼とトヨに遭遇した。

太陽神とは誰なのか。それを祀ったのは誰なのか。

その答えを本書で明らかにしていきたい。

私が、かつて羽衣伝説に感じた「悲しみ」は、大丹波王国（＝丹後王国）のたどった歴史のあとであり、また、そこには、日本の歴史を揺るがす秘密が隠されていたのであった。

ただ、私はいつも思っている。時が満ちたそのとき、内在していた強力な生命力は激しい爆発力で光となり、本当の歴史があざやかによみがえることを。

そして、人類の営みもその歴史も、自然界も、陰なるものと陽なるものでできていること、そして、陰と陽は正反対であればこそ引き合い、一つであろうとし、それが一体となった時、完璧となるのだと。

だから、私は古代に心ときめく。心囚《とら》われる。

そして、その満つる時がとうとうきたのだと。

二〇〇七年五月十日

目次

第二章　偉大なる古代女性と祭祀の伝統

第三章　アマテル神からアマテラスに

第四章　元伊勢とは本伊勢なのだ

第五章　卑弥呼とトヨとアマテラス

第一章　海部系図に繰り広げられる古代世界

全国の『風土記』はどこに消えたのか

消えた風土記

古代を探る文献として、七一二年にできた『古事記』、また、七二〇年にできた『日本書紀』は、いうまでもなく基本的な文献である。そして、もうひとつ、地域ごとの国勢報告書ともいえる『風土記』がある。これは、和銅六年（七一三年）に地方の官撰地誌として、全国地域ごとに、

①郡郷の名は好字をつけよ
②郡内に生ずる銀銅彩色草木禽獣魚虫等の物は具に色目を録せよ
③土地の沃《よく》せき（土地が肥沃かどうか）
④山川原野の名號の所由
⑤古老の伝える旧聞異事

この五項目を言上せよ、というものであった。

ところが、現在残っている風土記で完本に近いものは、わずかに五つの風土記だ

けである。それは、『播磨国風土記』『常陸国風土記』『出雲国風土記』『肥前国風土記』『豊後国風土記』である。早くに完成した風土記は七一五年ころにできているし、そのなかでも『出雲国風土記』は天平五年（七三三年）に出来たものである。

『丹後国風土記』は散逸してしまっているが、わずかにその中の三ヶ条だけが逸文として残された。「水江浦島子」で浦島伝説が残り、「奈具社」で羽衣伝説、「天梯立」として天の橋立の伝説が残った。私は、これらの伝説が逸文という形にしろ、わずかに三ヶ条といえども残されたことに、神の天意を感じずにはいられない。この重大かつ豊かな伝説が残されたことに感謝したい。そして、もしも、『丹後国風土記』が完本で残されていたとすれば、どれほど豊かな伝説や様々な地名の由来などで楽しませていただけたことだろうと思うと、ひたすら残念である。そこには、何が書かれていたのだろうか。あとかたもなく消え去ってしまったことに、不思議というよりは、疑念をいだくものである。

これは、丹後国だけに限ったことではない。山城国も摂津国も伊勢国も尾張国近江国もほかの地域もそうなのだ。

歴史は勝者のものか

逆に、なぜ『古事記』が残り『日本書紀』が残ったのか。それはいうまでもないことである。歴史は勝者によって創られ、守られたのだから。

この『古事記』『日本書紀』の蔭で、偽書の烙印をおされたものもある。『古事記』の序文には、「諸家のもっている帝紀及び本辞は、既に正實に違い、多く虚偽を加えると。今、改めなければいけない。偽を削り、實を定め、後葉に伝えようと思う」という意味のことが書かれている。すなわち、この『古事記』作成を命じたものの意思にそったことが「正」であり、意思に添わないものは「偽」となるのだ。

施政者の意思に添わなかったためか、偽書と

丹後一の宮　籠神社

いう扱いをされたがために、長い間、その学術的価値をゆがめられてきたものに『先代旧事本紀』がある。

仮に、正史として堂々たる『古事記』『日本書紀』が勝者の歴史として、自分側に都合よく書かれた可能性があるとするならば、また逆に、正史にない内容が書かれてきたものを偽書とされてきたとしたら、これからの文献の扱いとしては、それらを慎重に、或る意味対等に扱わなくてはならないのかもしれない。

そうした思いのなかで、私が、根本資料として重きをおいたのは、国宝『海部氏系図』及び、国宝『海部氏勘注系図』である。まずこの資料から解いていきたい。

国宝『海部氏系図』　皇室とは祖神において兄弟

始祖ホアカリはニニギと兄弟

この系図を保持するのは、丹後一の宮、籠《この》神社の宮司家である海部《あまべ》氏である。現在の当主は、第八十二代海部光彦宮司である。現在の天皇家は百二十五代であるというものの、一代にかかる年数の違いがあるため、そのさかのぼる年代的古さといえばほとんど違いがないといえる。それもそのはずである。

海部氏の系譜は、彦火明命《ヒコホアカリノモコト》を始祖としている。一方天皇家は、神武天皇から数えているが、神武天皇にいたるまでの神代の系譜としては、天照大神《アマテラスオオミカミ》（以下アマテラス）、天忍穂耳尊《アメノオシホミミノミコト》、天津彦彦火瓊瓊杵尊《アマツヒコヒコホノニニギノミコト》、火遠理命《ホヲリノミコト》あるいは彦火火出見尊《ヒコホホデミノミコト》、鵜葺草葺不合命《ウガヤフキアエズノミコト》であり、次に、人代にはいり、神武天皇と続いている。

同じように、海部氏の系譜をみると、始祖である彦火明命《ヒコホアカリノミコト》は、天押穂耳尊《オシホミミノミコト》の「第三御子」であるという注記が系図上に記されている。このことから、天皇家の瓊瓊杵尊《ニニギノミコト》と海部氏の彦火明命《ヒコホアカリノミコト》は、兄弟ということになるのである。すなわち、先祖において、天皇家と海部家は兄弟ということになるのである。

瓊瓊杵尊《ニニギノミコト》と、火明命《ホアカリノミコト》の関係は、『古事記』では、同じく兄弟の伝えになっているが、海部氏の伝えと異なるのは、『古事記』の伝えは、兄が火明命《ホアカリノミコト》で、弟が瓊瓊杵尊《ニニギノミコト》となっていることに対し、海部氏の伝えは、彦火明命《ヒコホアカリノミコト》が第三御子という弟で、瓊瓊杵尊《ニニギノミコト》が兄となっていることである。

また、『日本書紀』の「本文」には、瓊瓊杵尊《ニニギノミコト》が親でその子に火明命《ホアカリノミコト》とあり、ここでは親子関係になっている。『日本書紀』にはほかにも「一書」にはとして親子関係であったり、兄弟関係であったり、氏族によってさまざまな伝えがあったことを記している。

国宝『海部氏系図』

始祖彦火明命
正哉吾勝〃也速日天押穂耳尊
第三御子
三世孫倭　宿禰命――孫健振熊宿禰
此若狭木津高向宮爾海部直　姓定賜弓
楯桙賜國造仕奉支品田天　皇御宇

秘匿されてきた系図

海部氏の系図は、本来『古事記』『日本書紀』の記録に抵触するような系図なのである。こうした意味合い故であろう。この系図は、長い年月ひたすら海部氏宮司家に秘蔵され、昭和五十年になって初めて公開されたのである。その時、この京都府北部、天の橋立を参道とする籠神社の上空には新聞社のヘリコプター三機が舞い、厳かに系図二巻が公開されたのであった。

一巻は、『海部氏系図』で平安期のもの、もう一巻は、『海部氏勘注系図』で江戸期のものである。これらは、昭和五十年公開されるや直ちに重要文化財に指定され、その翌五十一年、これまた異例のスピードで国宝に指定されたのであった。

これらの系図の資料的価値及び内容については、すでに、拙著『古代丹後王国は、あった』（平成十年刊）と、『前ヤマトを創った大丹波王国』（平成十六年刊）で詳述してあるのでごらんいただきたい。また、まだまだ書き尽くせていない重要な事柄、「古記」「秘記」があることをも申し添えておきたい。

極秘をもって永世相伝せよ

驚く情報がこめられた系図

この国宝『海部氏系図』とは、どんな系図なのだろうか。

第一に、系図に記された人名の一つ一つに「丹後国印」が押印されている。全部で二十八個押されており、このことから、たんなる私的な系図ではなく、公に認められたものということがいえる。

第二に、系図が書かれた年代が特定できることである。系図には、「丹後国与謝郡従四位下籠明神従元于今所斎奉祝部奉仕海部直等之氏」（丹後国与謝郡、従四位下、籠明神はじめより今に斎《いつ》き奉《まつ》るところの祝部《はふり》として仕え奉る海部の直《あたい》等の氏）と表記されている。すなわち、海部氏が従四位下になったときを調べてみると、貞観十三年（八七一年）から元慶元年（八七七年）十二月までの間に書かれたと特定出来るのである。

また、国宝『海部氏勘注系図』は、時代が下がること江戸期に書写されたものとされるが、ここには、大変重大な「古記」や「秘伝」が記されており、その内容は、

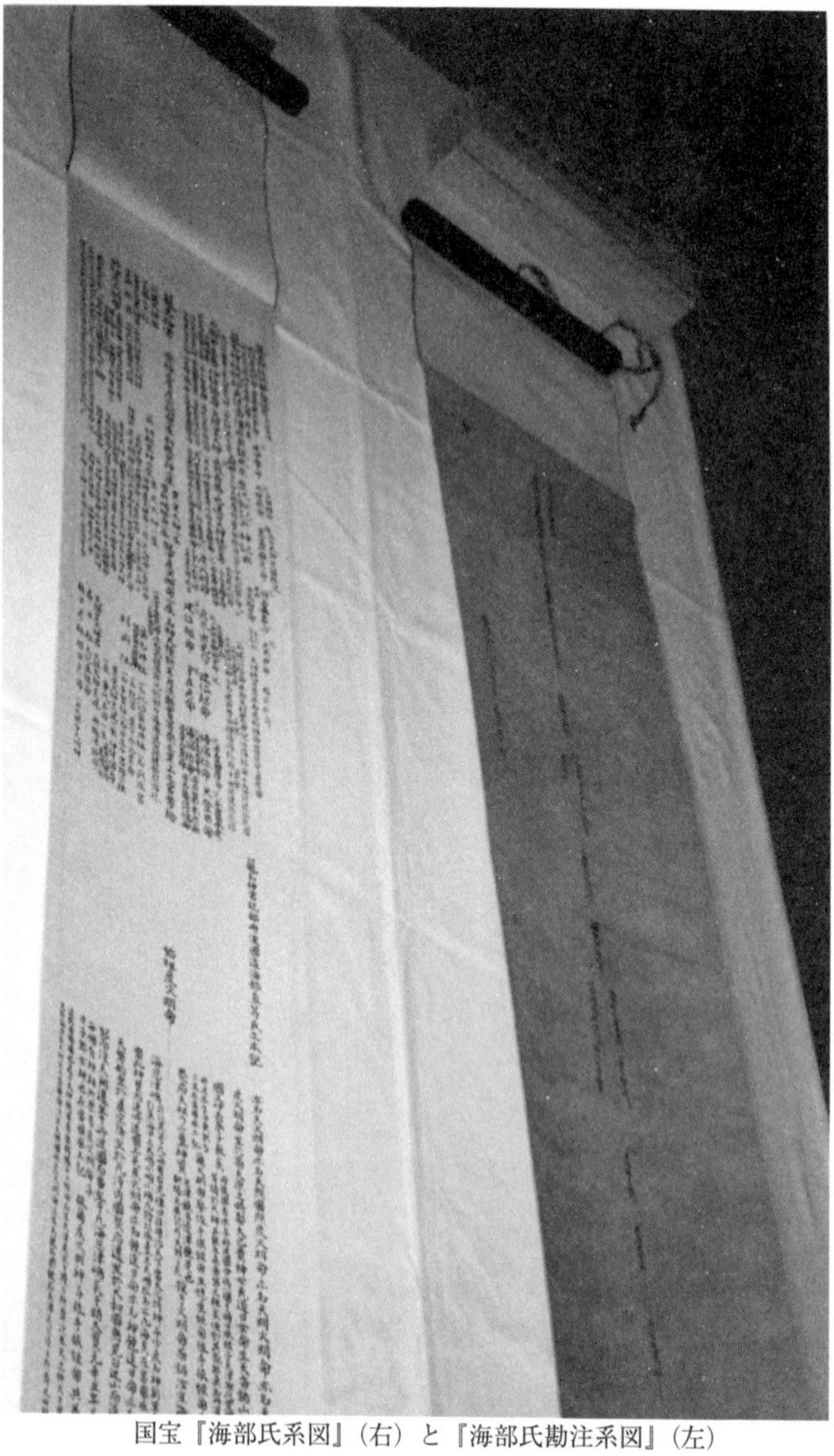

国宝『海部氏系図』(右) と『海部氏勘注系図』(左)

平安時代にさかのぼるものであることが、瀧川政次郎氏によって指摘されているが、このことは、次の項で再度ふれたい。

また、この『海部氏勘注系図』は筆写した人物が、「海部勝千代」とある。そして、最後に彼は、このように書き記している。

「本記一巻は、安らかに海神の胎内に鎮まらせ、極秘をもって、永世相伝うべきものなり」

我が先祖代々の系譜、しかも、天皇家の系譜にも匹敵するかのような系図であればこそ、子々孫々にわたり、「極秘」を貫けと記さねばならなかった海部氏の先祖の人々の苦渋はいかばかりであっただろうか。この系図ができてからでも、千二百年あまりに及ぶ年月を歴代の当主が代々の伝えを守り抜き、現在に至ったのである。

水戸黄門で有名な水戸光國が『大日本史』編纂の折この『海部氏系図』の拝観を望まれたが、それにすら応じなかったというエピソードがあることからも、どれほどの決意と耐え忍びの歴史のなかでこの系図が秘匿伝承されてきたかがわかる。

これは、一海部家の宝、丹後の宝にとどまらない、まさに日本の宝なのである。

その上、この系図からは、驚くべき古代日本の姿がよみがえるのである。

日本と名付けたニギハヤヒ

いつから日本となったのか

我が国が日本といわれるようになるまでは、倭といわれていた。それでは、日本という言葉は一体いつごろから使われ、その命名者はだれだろうか。いつから倭が日本になったのか。それは、通常、天智天皇が大津に都を築いたころではないか、といわれる。

『新唐書』東夷伝日本条によれば、「咸亨《かんきょう》元年、使いを使わして、高麗を平らげたることを賀す。後やや夏音《かおん》を習いて、倭の名をにくみて、更めて日本と号す、使者自ら曰わく、国日の出づるところに近し、以て名と為すと」とある。中国の咸亨元年とは、天智天皇九年（六七〇年）であり、大津に宮を置いていた時である。この時から日本と使われたのではないか。上田正昭氏は、日本の国号が用いられたのは、上限において、天智天皇が大津宮に遷都したのが天智六年（六六七年）で、下限としては、七〇〇年とされ、六六七年から七〇〇年の間に日本という国号が使われたとされた。

それでは、この「日本」という名は誰が名付けたのだろうか。このことを、日本の歴史書である、『古事記』『日本書紀』から探ってみよう。

『古事記』『日本書紀』といえば、皇室を中心とした歴史が綴られているわけで、日本は皇室とともにありき、というところから思うと、初代天皇神武が名付けたと書いてありそうに思うが、実はそうではない。

私たちの住む日本がいつ、どのようにして成立してきたのか、日本人として重大な関心事でなければならないのに、何時のまにか深い迷路に入ってしまった。それはなぜか。それは、日本の正史とされている『古事記』と『日本書紀』が一般常識では納得できないような矛盾、誇張、潤色がなされているからである。たとえば、覗いたらワニの姿になってお産していたとか、夜ごと訪れるハンサムな男のあとをつけるとヘビだったとか、天皇のとんでもなく長い寿命だとか、このために信用しがたいものとなり、非難されやすい欠点をもってしまったのである。

しかし、古代を探るには、やはり、『古事記』『日本書紀』に書かれたことをまず分析し、なぜこのような矛盾した表現になるのか、それは、その矛盾がおきる書き方をしなければならない理由があったのではないか、と考えるわけである。

日本と名付けたのは ニギハヤヒ

七一二年に『古事記』、七二〇年に『日本書紀』ができるわけだが、そこをひもといてみていくと、『日本書紀』には、「饒速日命《ニギハヤヒノミコト》、天磐船《あまのいわふね》に乗りて大空をめぐりいきて、この国をおせりて（見て）天降りたまうにいたるに及びて、名づけて虚空見日本國《そらみつやまとのくに》といふ」と。「日本」と名づけたのは饒速日命《ニギハヤヒノミコト》であると書いてある。

普通に考えると、初代天皇は神武であるから、皇室系譜の初代天皇が「日本」と名づけたと、なっていてもいいように思うが、そうはならず、「饒速日命《ニギハヤヒノミコト》」だとしている。それは、なぜだろうか。古代倭に君臨していたのは神武ではなく、その前にその礎をつくった人、つまり饒速日命《ニギハヤヒノミコト》という人物がいたことを、省略し隠すことはできなかったのである。

饒速日命《ニギハヤヒノミコト》が日本と名付けたというのが、『日本書紀』の記録である。

天孫降臨と、選ばれた皇位継承者

二つの天孫降臨

天孫瓊瓊杵尊《ニニギノミコト》が九州に天降り、その子孫が神武天皇である。このことは、『古事記』に次のように書かれている。

(天孫降臨神話)

天照大神《アマテラスオオミカミ》が息子の天忍穂耳尊《アメノオシホミミノミコト》に「ようやく葦原中津国《アシハラナカツクニ》を和らげたので、先に言葉をよせてゆだねたとおり、そこに天降って統治しなさい」というと、天忍穂耳尊《アメノオシホミミノミコト》が、

「私が降ろうと装いを整えている間に、子供が生まれました。名は瓊瓊杵尊《ニニギノミコト》といいます。この子を天降らすのがいいかと思います。この子は萬幡豊秋津姫《ヨロズハタトヨアキツヒメ》と見合いして生まれた子で、天火明命《アメノホアカリノミコト》、次に、天津彦彦火瓊瓊杵尊《アマツヒコヒコホノニニギノミコト》」とある。

これを『古事記』の記述に従って系図にしてみると、次のようになる。

天照大神→天忍穂耳尊→
　├火明命
　└瓊瓊杵尊→火遠理命→鵜葺草葺不合命→神武　（九州降臨）
　　　　　　（＝彦火火出見尊）

『古事記』によれば、瓊瓊杵尊《ニニギノミコト》はアマテラスの孫だが、もともと子の天忍穂耳尊《アメノオシホミミノミコト》が天降る予定だったのだが、第一子天火明命《アメノホアカリノミコト》、次の天津彦彦火瓊瓊杵尊《アツヒコヒコホノニニギノミコト》が生まれたので、瓊瓊杵尊《ニニギノミコト》が筑紫の日向の高千穂の槵觸峯《くじふるたけ》に天降る。

　また、『日本書紀』によれば、天津彦彦火瓊瓊杵尊《アマツヒコヒコホノニニギノミコト》が、日向の襲の高千穂峯に天降るとある。

『日本書紀』の

「一書の第一」　瓊瓊杵尊《ニニギノミコト》…筑紫の日向の高千穂の槵觸峯《くじふるたけ》

「一書の第二」　天津彦彦火瓊瓊杵尊《アマツヒコヒコホノニニギノミコト》…日向の槵日《くしひ》の高千穂の峯《たかちほのたけ》

「一書の第四」　天津彦国照彦火瓊瓊杵尊《アマツヒコクニテルヒコホノニニギノミコト》…日向の襲《そ》の高千穂《たかちほ》の槵日《くしひ》の二上峯《ふたかみのたけ》の天の浮橋

「一書の第六」　天國饒石彦火瓊瓊杵尊《アメクニニギシヒコホノニニギノミコト》…日向の襲《そ》の高千穂の添山峯《そほりのやまのたけ》

このように『古事記』『日本書紀』によれば、天孫瓊瓊杵尊《ニニギノミコト》の降臨の地は九州の日向、槵觸峯《くしふるたけ》だと、書かれている。そして、この瓊瓊杵尊《ニニギノミコト》の系統は次に、火遠理命《ホヲリノミコト》、鸕鶿草葺不合命《ウガヤフキアエズ》、そして、神武という皇室の祖にいくわけである。そして、彼らは、九州に降臨していたのである。

選ばれた皇位継承者

アマテラスが地上を統治するのに、天忍穂耳尊《アメノオシホミミノミコト》を命じたのにもかかわらず、その孫にあたる瓊瓊杵尊《ニニギノミコト》を天降りさせたということは、一体どういう意味があるのか。しかも、瓊瓊杵尊《ニニギノミコト》は生まれたての赤ちゃんで眞床覆衾《まどこおふふすま》にくるめて地上に降ろす、という行為は何を表しているか。天孫とはアマテラスの孫で、一般に瓊瓊杵尊《ニニギノミコト》だけのように思われているが、そうではなく、火明命《ホアカリノミコト》というものがあった。にもかかわらず、瓊瓊杵尊《ニニギノミコト》が選ばれた。それは、なぜか。

瓊瓊杵尊《ニニギノミコト》を眞床覆衾《まどこおふふすま》にくるめて地上に降ろす、という行為は、皇位継承権を持ったほかの者を黙殺して、瓊瓊杵尊《ニニギノミコト》の系統だけが、唯一正統である皇位継承者であるということを、神話で、あたりやわらかく、しかも、動かしがたい状況として設定、作り上げた渾身の作なのであった。

丹波にあった天孫降臨と鏡

遅れてきた神武

『古事記』『日本書紀』によれば、天孫瓊瓊杵尊《ニニギノミコト》は九州に降臨し、その後、神武東征の物語が始まる。東に良き国があるということで、東をめざして進み、ヤマトにたどり着く、というストーリーである。ところが、せっかくたどりついたというのに、そこにはすでに、饒速日命《ニギハヤヒノミコト》というものが、政権を握っていたというのである。

『古事記』『日本書紀』をみると、ここには次のように書いてある。

①鹽土老翁《シホツチノヲヂ》に聞いたところによると、饒速日命《ニギハヤヒノミコト》が、すでに、天の磐船に乗って、大和に入っていた。

②長髄彦《ナガスネヒコ》がいうには、神武天皇に対して、かつて、天神が天の磐船に乗って、天から下りてこられた。名を櫛玉饒速日命《クシタマニギハヤヒノミコト》という。

③神武天皇は、饒速日命《ニギハヤヒノミコト》が天より下りてこられた天神であることを知っている。そして、今まごころをつくしている。饒速日命《ニギハヤヒノミコト》は物部氏の祖である。

神武より先に、畿内ヤマトは、饒速日命《ニギハヤヒノミコト》という人がすでに治めていた。そこに、九州から神武が入ってきたのである。

つまり、ヤマトには皇室系の神武よりも、もっと早くから入って治めていたものがいたということが、文献の分析からわかってくるのである。

ニギハヤヒとホアカリは同族

古代の神の名前は、たとえば、大国主命は、大己貴神《オオナムチノカミ》、葦原色許男神《アシハラシコオノカミ》、大物主神《オオモノヌシノカミ》など、いくつも呼び名があるように、饒速日命《ニギハヤヒノミコト》にも、たくさんの呼び名がある。

そして、饒速日命《ニギハヤヒノミコト》とは、『先代旧事本紀』に「天照国照彦天火明櫛玉饒速日尊、亦の名、天火明命、亦は云う、饒速日命・・・」とあるように、その名前のなかに、多くの氏族が浮かぶ。

また、海部氏に伝わる『海部氏勘注系図』にも、「始祖　彦火明命」の部分に、「またの名、天火明命、天照國照彦火明命、天明火明命、天照御魂命」という名があり、また、続けて、「彦火明命のまたの名は饒速日命、またの名、神饒速日命、またの名は、天照国照彦天火明櫛玉饒速日命、またの名はニギシニギホ命にして八州《おほやしま》を統め給へり」とある。ここには、火明命《ホアカリノミコト》は別名饒速日命《ニギハヤヒノミコト》であると書いてある。物部氏の祖である饒速日命《ニギハヤヒノミコト》、海部氏の祖である火明命《ホアカリノミコト》というのは、もともとは同族であったものが、後に物部氏を名乗ったものは祖を饒速日命《ニギハヤヒノミコト》だといい、海部氏や尾張氏を名乗ったものは、火明命《ホアカリノミコト》が祖神だとしたためこのような表現になったものと考える。彼らは同族であり、氏族の祖神が早くからヤマトに入っていたということが分かるのだ。

従って、神武よりも、早くヤマトにはいっていたというのは、物部氏の饒速日命《ニギハヤヒノミコト》であり、海部氏の祖である火明命《ホアカリノミコト》ということなのである。

もうひとつの天孫降臨と鏡

この『海部氏系図』が千二百年の時をこえて、伝えようとしたことは、国家の秘密に属することである。『古事記』『日本書紀』が語る事実のみが日本の正当の歴史であるとされたため、それに抵触する事柄は隠蔽を余儀なくされたのである。そこで、とられた手段は何であったのか。それは、皇室系譜に抵触するところは、伏せた系図を作ることであった。しかしながら、それは同時に、すぐにはわからなくても見るものが見たらわかるという巧妙なものでなければならなかった。

それでは、『海部氏系図』にはどのような事柄が隠され、どのようなヒントが残されたのか。

『海部氏勘注系図』によれば、「始祖　彦火明命」とあり、「始祖　彦火明命　またの名、天火明命、天照國照彦火明命、天明火明命、天照御魂命………。天祖乃ち二璽神寶を火明命に授け給ひて、汝宜しく葦原中國の丹波国に降りまして、この神寶を斎き奉り、速やかに国土を造り修めよと詔り給ふ。かれここに火明命これを受け給ひて、丹波国の凡海息津嶋《おほしあまおきつしま》に降り坐す。……」とあり、海部氏の祖神が丹波国に降臨したという丹波降臨説が書かれている。そのとき、「息津鏡《おきつかがみ》と辺津鏡《へつかがみ》」という二璽神寶《ふたつのみしるしのかんたから》、それと、「天鹿兒弓《あめのかごゆみ》と天羽羽矢《あめのはばや》」を授かったことが書かれている。系図に記されているこの二つの鏡は、籠神社に伝世鏡として秘蔵されている。また、凡海息津嶋《おほしあまおきつしま》とは、丹後半島の沖にある冠島《かんむりじま》のことであり、ここに、丹後の祖神は降り立ったのである。天孫降臨というと天から降りてきたように感じるが、もちろん

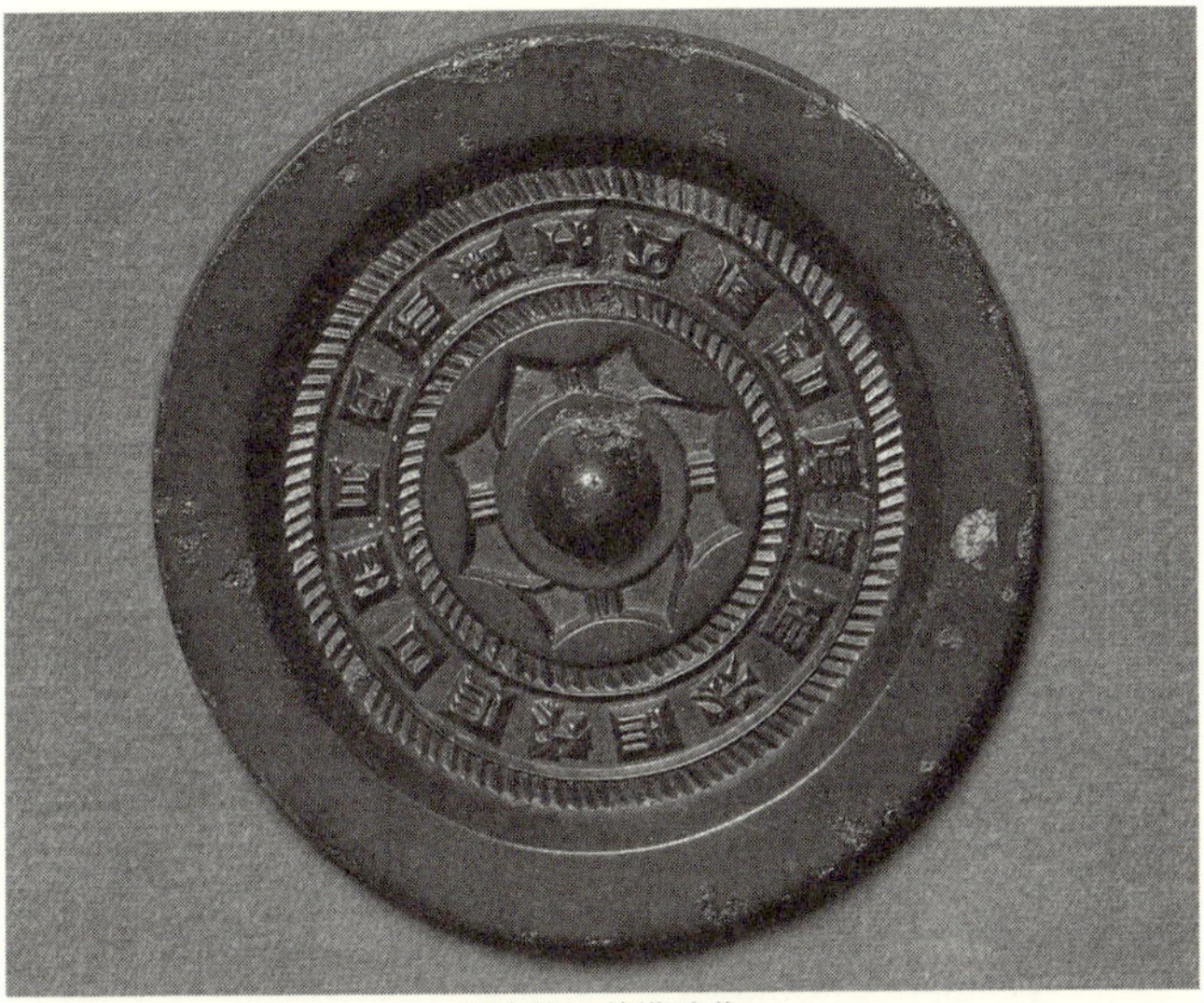

辺津鏡　前漢時代

息津鏡　後漢時代

この水平線の彼方、「天《あま》」は「海《あま》」なり、古代丹波王国の住民は、海洋民であった。

ヤマトに入った倭宿祢命《ヤマトスクネノミコト》

その後、三世孫倭宿祢命《ヤマトスクネノミコト》は、「この命、大和の国に遷座の時、白雲別神《シラクモワケノカミ》の女《むすめ》豊水富命《トヨミトミノミコト》を娶り、笠水彦命《ウケミズヒコノミコト》を生む」とあり、丹波からヤマトに入ったということが書かれているのである。

じつは、これが、私の主張する大丹波王国の勢力のヤマト入り、前ヤマトを構築したというところに結びつくのである。

神武が大和入りしたときには、すでに、饒速日命《ニギハヤヒノミコト》が大和にいた。この饒速日命《ニギハヤヒノミコト》は、海部氏の祖、彦火明命《ヒコホアカリノミコト》とも同神である伝えがある。こうしたところより神武の前に海部氏一族は大和入りをはたしていたことになる。

やはり、前ヤマトに君臨していたのは、海部一族なのである。

そこで、「古伝」が含まれる『海部氏勘注系図』をみると、そこには、「歴代秘記」として、次のような重要な伝えがある。

「天御中主尊《アメノミナカヌシノミコト》－伊邪諾尊《イザナギノミコト》－天照皇大神《アマテラス》－正哉吾勝勝也速日天押穂耳尊《マサカアカツカチヤハヤヒアメノオシホミミノミコト》－彦火明命《ヒコホアカリノミコト》－彦火火出見命《ヒコホホデミノミコト》－建位起命《タケイタテノミコト》－倭宿禰命《ヤマトスクネノミコト》」

である。

こうした『海部氏勘注系図』の記録と『古事記』の記録から図示すると次のようになる。

倭宿祢命の像

天照大神→天忍穂耳尊

（海部氏の伝え）
彦火明命→彦火火出見命→建位起命→倭宿禰命（丹波降臨 ← 大和）

（『古事記』の伝え）
瓊瓊杵尊→火遠理命→鵜葺草葺不合命→神武（九州降臨）
（＝彦火火出見尊）

香具山の土はなぜ霊力があるのか

武埴安彦《タケハニヤスヒコ》の反乱

崇神天皇の時代をみると、国内に多くの病人がでて、死亡するものもあり、また、背《そむ》くものがあって、国中が治まらなかった。

天照大神と、倭大國魂《ヤマトノオオクニタマ》の二つの神を天皇のいる大殿に並んで祭ったが、二つの神はともに住むことができなかった。

そこで、豊鍬入姫命《トヨスキイリヒメノミコト》が、天照大神を倭の笠縫邑《かさぬいむら》で祀った。また、日本大國魂神《ヤマトノオオクニタマノカミ》は、渟名城入姫命《ヌナキイリヒメノミコト》に祀らせたが、渟名城入姫命《ヌナキイリヒメノミコト》は痩せ衰え、祀ることができなかった。天皇はどうすべきかと占いをした。このとき、ヤマトトヒモモソヒメに憑いて言うには、「私を祭れば平穏になる。私は大物主神《オオモノヌシノカミ》である」と。そこで、崇神天皇が祭主となって祭ったがだめであった。

次に、天皇は夢をみた。そして、一人の貴人があらわれて、「私を、我が子である大田田根子《オオヌタタネコ》に祀らせれば、平らかになる」と告げた。

結局、大田田根子が、大物主を祀り、長尾市《ナガオチ》という人が倭大國魂命を祀ると、疫病はやんで、大いに栄えたのであった。

こうした崇神紀に、謀反を起こそうとした人物として出てくるのが、武埴安彦《タケハニヤスヒコ》である。武埴安彦《タケハニヤスヒコ》とは、孝元天皇の子であり、次の天皇となった開化天皇とは異母兄弟であり、崇神天皇からみれば、叔父にあたる人物である。

ある日、童女が歌う。「ミマキイリヒコはや、己《おの》が命をしせむと　ぬすまく知らに

姫遊びすも」（崇神天皇よ、あなたの命を殺そうと、時をうかがっているものがいることを知らずに、若い娘とあそんでいるのね）

このなにげなく謡った童女の歌は何を意味しているのか。

これは、武埴安彦《タケハニヤスヒコ》が謀反をすることを告げているのだと。武埴安彦《タケハニヤスヒコ》が、妻の吾田媛《アタヒメ》と密かにきて、倭の香具山の土を取って、ひれのはしに包んで、呪言をして「これ、倭の国の物実《ものざね》」といい、謀叛をおこしたのであった。

武埴安彦《タケハニヤスヒコ》と吾田媛《アタヒメ》は、反乱軍であるが、密かに香具山の土をとって呪言したにもかかわらず結果としては天皇に破れたのであったが、これについては、もうひとつ神武紀の逸話を紹介する必要があろう。

この香具山の土になぜそれほどこだわるのかというと、前段の神武天皇のところで、同じくこの香具山の土により勝利を得たという逸話があるからである。

それは、次のような話である。神武天皇の夢に天神が出てきて言うには、「天香具山の社《やしろ》の中の土《はに》を取りて、天平瓦八十枚を造り、あわせて、厳瓦《いつへ》（神酒をいれる聖なる瓶）をつくり、天神地祇を敬いまつれ。また、厳《いつ》の呪詛（潔斎して行う呪言）

をせよ。かくのごとくせば、おのずからに平《む》きしたがいなむ」と言う。つまり、香具山の土をとり、それを祭り、呪言をしたら国が治まるというのである。

そこで、神武はオトカシとシイネツヒコを香具山に派遣し、持ち帰った香具山の土でヒラカなどを作って祭ったところ、戦いに勝利し、やがて、大和入りを無事果たしたのである。

大和の物実《ものざね》はホアカリにあった

このように、香具山の土というものは、「大和の物実《ものざね》」ということである。「物実」とは、「その物のもととなるもの」という意味である。つまり、「大和の国の魂」というべきものであるということだ。土とは、その国の国土の霊質、それを手に入れるということは、その国の自由を制御するということになる。香具山の土を奪うということは、その国の魂を奪うということなのであろう。

さて、香具山といえば、畝傍山、耳成山と並ぶ、大和三山の一つであるが、この名前の人物がいる。その名は、「天香具山命《アメノカグヤマノミコト》」である。これは、天火明命《アメノホアカリノミコト》の子であり、『日本書紀』にも、「天火明命の児、天香山命、これ、尾張連等の遠祖なり」とある。尾張氏といえば、海部氏とは同族であり、『海部氏勘注系図』にも、もちろんその名がある。

ということは、これは、何かとても大事なことがこの話には含まれているのではないだろうか。

「大和の国の物実」とは、「香具山の土」、「香具山」とは、人名に「天香具山命」とあるが、これは、天火明命の子である。

つまり、大和の国の魂とは、もともと天火明命にあったのではないか。火明命は、丹後の海部氏の祖神である。

前ヤマトを創ったその精神的支柱がどこにあったのか。

このように考えて初めて古代の闇に光が差し込むのではないか。

丹後の伝承がヤマトにも〜長尾神社にヤマトスクネの妻が

ヤマトスクネの妻が長尾神社にいた

不思議な縁でめぐりあうことを、奇遇というなら、まさにそういえる瞬間ではないだろうか。

私は、その日、滋賀県近江八幡市の馬見岡《うまみおか》神社の祭りを調べるために、郷土史家の人と同行、五月一日、二日と取材していた。いまだに裃《かみしも》と袴姿のオトナが六つの村から集まり、神社の広場に正座する。宮座というのであるが、ここだけがタイムマシーンで時代を逆行したような風景が広がる。私は、不思議な荘厳さが漂う祭りにみとれていた。

この祭りを見つめる中に、私たちのほかに、もうひとり、カメラを持ち、丹念にメモをとっている人がいた。一日目も二日目も祭りの動きにあわせて一緒に移動していたので、最後に、私は「どちらから来られたのですか？」とお尋ねしたのである。そして、その答えは、私を驚愕させた。

「奈良から来ました。私は、長尾神社の宮司です」

なんと、いつか行ってみたいと思っていた長尾神社の、しかも宮司さまが今ここにおられるのである。

私は、折り悪しく、その日は時間の余裕がなく、残念ながらすぐにその場を離れなければならなかった。あまりの奇遇に興奮して、夢中で挨拶したのを覚えている。そして、その方も、私が突然まくしたてるので、とてもびっくりされておられたのだが、最後に「狐につままれたような気分です」とおっしゃったのを覚えている。

落ち着いてみると、そのとおりである。向うは、私のことなど知りもしない。とにかく初対面である。その、どこの誰とはわからぬ私の口から、長尾神社のご祭神は丹後の籠神社の国宝系図にでてくる倭宿祢命《ヤマトスクネノミコト》の妻ですよね、などと言われたのであるから相手は半信半疑、かたや、わたしは、運命的興奮のさなかだったのである。

さて、その式内大社長尾神社とは、奈良県の北葛城郡当麻町《たいまちょう》長尾《ながお》字木身屋代《きみやしろ》にある。ご祭神は水光姫命《ミヒカヒメノミコト》と白雲別命《シラクモワケノミコト》とある。延喜式神名帳（平安時代）をみると、葛下郡、長尾神社とでている。

「長尾神社畧記《りやくき》」をみると、「長尾神社一座者所謂吉野連等所祭白雲別命之女豊御富登命也亦曰井光女亦水光姫」とある。則ち、「長尾神社の一座は吉野の連等の祭るところの白雲別命の女、豊御富登命《トヨミホトノミコト》なり。また、井光《イヒカ》の女《むすめ》、また水光姫《ミヒカヒメ》なり」と書かれている。

ご祭神は、豊御富登命で、またの名を水光姫というのだが、長尾神社の伝えでは、水光姫命とは、神武東征に際し、吉野郡川上村井光《いかり》方面を通ったとき、井戸の中から現れたとされ、尾が光っていたとされる。

『古事記』によれば、神武天皇が東征の時、吉野河の川尻からさらに行くと、「尾ある人、井より出来《いでく》。その井、光れり。かれ汝《いまし》は誰ぞと問わせば、僕《あ》は国神《くにつかみ》、名は井氷鹿《イヒカ》とまおしき。（此は吉野首等《よしののおびとら》の祖なり）」とあり、ここでは、井戸が光っていて、そこから尾を持った人が出てきたというのだ。そして、その名を尋ねると、「イヒカ」だと言うのである。

長尾神社の伝えでは、井光《イヒカ》の娘、水光《ミヒカヒメ》が井戸から現れたといい、『古事記』では、井戸から出てきたのは母にあたるイヒカであるとし、伝承に若干の違いがある。

さて、なによりも注目すべきことは、この白雲別の女、豊水富登命である。じつは、『海部氏勘注系図』に同じ名が出てくるのである。となると、ことは非常に重大である。

さらに、『海部氏勘注系図』によれば、次の四世孫、笠水彦命のところに、「母、豊水富命、またの名、井比鹿《イヒカ》也」とある。

長尾神社の栞には、「水光姫命は豊御富とも申され、豊かな吉野川の水を守られる水神であり、また井戸の神である」とある。

このように、丹後とはるばる遠く離れたヤマトの神社伝承が図らずも関連していることが重要だ。

これらを重ね合わせて考えてみると、はるばる丹後国から大和に入った倭宿祢命《ヤマトスクネノミコト》は、吉野郡川上村井光《いかり》のあたりの有力者吉野氏の祖神白雲別命の娘、水光姫（＝豊御富命《トヨミトミノミコト》）と婚姻をし、ヤマトに根付いたのであろう。そして、その水光姫（＝豊御富命《トヨミトミノミコト》）を祭る神社が、葛城郡当麻町長尾にあるのである。

こうして『海部氏勘注系図』から浮かび上がる歴史が、ヤマトにおいても辿《たど》ることができるのである。

ところで、話は変わるが、崇神天皇五年、国内は、病が多く、大半が死亡した。天照大神と倭大国魂神《ヤマトノオオクニタマノカミ》の二神を共に、天皇の大殿にて祭っていたが、共にいるのはよくないので、天照大神は、豊鍬入姫《トヨスキイリヒメ》命につけて、倭の笠縫邑《かさぬいむら》で祭った。

しかし、倭大国魂神は、渟名城入姫命《ヌナキイリヒメノミコト》につけたが祀れなかった。そこで、占ってみると大物主神《オオモノヌシノカミ》が現れ、我が子大田田根子《オオタタネコ》をもって祭らせれば平穏になるという。また、夢のお告げにより、大田田根子《オオタタネコ》が大物主《オオモノヌシ》の祭り主となり、長尾市《ナガオチ》が倭大国魂神《ヤマトノオオクニタマノカミ》の祭り主としたら天下は治まると言うのでそうしたところ、天下泰平になったという逸話がある。

このことから、長尾市《ナガオチ》とは、非常に重要な役割をする氏族であることがわかるのであり、同時に長尾神社という言葉からは、この長尾市《ナガオチ》を思い出す。

いずれにしても、丹後からヤマトに入った倭宿祢命《ヤマトスクネノミコト》の妻となる、豊御富命《トヨミトミノミコト》＝

水光姫《ミヒカヒメ》を祀るヤマトの長尾神社の存在を知ったことは大きな喜びだ。

丹後とヤマトを結ぶ伊加里姫《イカリヒメ》

尾っぽのある人が井戸から

今時、「尾を持った人が井戸から出てきた、しかも井戸は光っていた」、と言われても、なぜ、人に尾があるのか、なぜ井戸から出てこなければならないのか、しかも、なぜ井戸が光っていなければならないのか、聞けば聞くほど疑問ばかりが交錯し前に進まない。

これは、皇統の初代天皇神武が九州の日向を発ち、東征してきたとき、荒ぶる神が多いので天よりヤタガラスが使わされ、その導きで吉野に足を踏み入れるのであるが、そこで遭遇したのが井氷鹿《イヒカ》である。

『古事記』には次のようにある。「尾ある人井より出で来。その井光れり。神武天皇が「あなたはだれですか？」と問うと、「私の名は、井氷鹿《イヒカ》」と言い、吉野の首の祖であるという。

『日本書紀』にも同じ記述があり、「名は井光《イヒカ》、吉野の首の祖である」と書かれている。

『記紀』の表記は違うが、「井氷鹿」も「井光」も「いひか」と詠ませている。しかし、今、その地を訪れると、吉野郡川上村というところに、「井光《いかり》」という地名が残る。

勢いよくまっすぐに立ち並ぶ杉の樹。ゆけどもゆけども山また山。もういきどまりか、というところでやっと、「井氷鹿の里」に辿り着いた。そこからさらに登っていくと、小さな立て札を見つけた。そこからは、徒歩。軽い山歩きである。しばらく行くと、山の中に、窪みがあるところまで来た。その手前にやっと見つけた、小さな碑を……。

そこには、「神武天皇御舊跡　井光井蹟」と刻まれていた。おそらくこの窪み（直径5，6メートルあるだろうか）が当時は池、あるいは井戸であり、伝説の井光族がでてきたというステージに違いない。

そして、その右手上方をみると、もうひとつ碑があった。そこには、「吉野首部連祖加彌比加尼之墓」と刻まれていた。

井光は、奈良県の南、吉野郡の東部に位置し、吉野杉の名で知られる我が国有数の森林地帯である。昭和五十四年には人口百八十二名、八十二戸とある。井光は「イカリ」と発音しているが、イカリと読みにくいので、延宝7年の検地帳には「碇」村となっているように一時は「碇」という字を使用しているが、昔も今も「井光」である。

さて、『井光郷土史』をみると、次のように伝承されている。

「その昔、紀元前、神武天皇が熊野から大和に入り、吉野の山中で道に迷い難渋していた所に、一族何人かをつれて現れ、神武天皇の道案内をして、宇陀地方から橿原まで無事送り届け、務めを果たしたのが私たちの遠い先祖である」と。「この井光族が住んでいたところは、現住地から1．5キロメートルほど北の山で通称〃ぬのあな、古皇《ふるつこ》、中平〃とも呼んでいる」とある。ここに碑が建てられているのだ。

しかし、どうして尾がある人として描かれなければならないのかと、再び考えてみる。

大和朝廷にまつろわなかった人々は『記紀』においては、「土蜘蛛」という卑しめた名で呼ばれた。井光のように、反抗しなくとも、神武天皇に服従したものについては、尾がある、とかいわゆる〝異形の者〟と表現することによって、皇統の優位を自ずと知らしめたのではないだろうか。

倭宿祢命の母イヒカ

さて、この井光という人物は丹後とはどういうかかわりがあるのだろうか。実は、『海部氏系図』にある、丹後から大和に入った人物「倭宿祢命《ヤマトスクネノミコト》」の母にあたる人なのである。

『海部氏系図』には、「天村雲命《アメノムラクモノミコト》」のところに、「丹波の国に遷座の時、伊加里姫命を娶り、倭宿禰命を生む」となっている。そして、丹後半島では、舞鶴市京田の藤ノ森神社に祀られている。

『新撰姓氏録』の吉野連のところには、「井光女《イヒカヒメ》」として、名は「豊水富《トヨミトミ》」というとあり、天皇が「水光姫《ミヒカヒメ》」と名付けた。ということである。ここからは、「井光＝豊水富＝水光姫」であることがわかる。

『海部氏系図』では、伊加里姫《イカリヒメ》は倭宿祢命《ヤマトスクネノミコト》の母で、豊水富《トヨミトミ》は、倭宿祢命《ヤマトスクネノミコト》の妻になっている。

こうした、細部における伝承の違いがなぜ起きたのかはわからないが、京都府北部に祀られている神の名が、大和の吉野の山奥にも祀られているということ、ここが重要な点である。

古代において、丹後から大和に入った人物がいるということ、これは、系図からも明らかである。そして、この神社伝承はそれの傍証ともなるというものである。大和と丹後は古代から深い関わりのあることがこの井光の神からもわかるのである。

糺《ただす》の森は旦波比古多多須《タニハノヒコタタス》から

下鴨神社の糺の森

ここは京都。久しぶりに京都に来たら、ちょうど下鴨神社の御手洗《みたらし》祭りの日で、「足つけ神事」をしているというので、友人たちと出かけてみた。喧噪の街並みを通り抜けると、そこは突如森に迷い込んだような感じである。

下鴨神社のなかにある森は、糺の森という。ここは、東京ドームの約三倍、十二万四千平方メートルある。中を歩くと、大きな樹がある。樹齢二百年から六百年という樹木が約六百本、直径十センチ以上の樹木約四千七百本が群生しているという。まさに自然の宝庫である。蝉が鳴き、どこからともなく鳥の鳴く声が聞こえる。小川のせせらぎが風情を誘う。瀬見の小川、御手洗池、糺池などがある。

早速、その足つけ神事とやらに参加する。ろうそくをいただき、靴下を脱ぎ素足になって、スカートが濡れないように、裾を上げながら、いよいよ川に入る。

思わず叫びたくなる冷たさである。しかし、入ったからにはもう前に進むしかない。

蒸し暑いさなか、水はすごく冷たくて気持ちいい。しばらく川の中を歩いて行くとお灯明がある。そこで、ろうそくに火をつけ、それを立てて、願い事をするのである。

川からあがると、湧き水をお茶碗でいただく。いわゆる暑気払いということであろうか。これで、無病息災というわけである。

さて、この下鴨神社は、賀茂御祖《かもみおや》神社ともいう。御祭神は、玉依姫命《タマヨリヒメノミコト》と賀茂建角身命《カモタケツミノミコト》となっている。また、上賀茂神社があり、これは賀茂別雷《かもわけいかづち》神社といい、御祭神は賀茂別雷神《カモワケイカヅチノカミ》である。この両者を併せて、山城の国の一の宮とされる。

この神社の祭祀を司る氏族は賀茂県主《かものあがたぬし》である。

『山城國風土記』逸文を見ると、「賀茂建角身命、神倭磐余比古天皇《カムヤマトイハレヒコ》（神武天皇）の御前に立ち上りまして、大倭《やまと》の葛木山《かつらぎやま》の峯に宿りまし、そこより漸くに遷りて、山代国《やましろのくに》の岡田の賀茂に至りたまひ……」とあるところから、賀茂氏が奈良の葛城から山代に移動したことがわかる。

糺の森の意味

さて、特にこの神社で気になるのは、五月十五日に行われる葵祭りである。上賀茂神社の由緒によれば、欽明天皇の御代に天下風雨順ならず、庶民大いに嘆いたので、勅して占わしたところ、賀茂大神のたたりであると分かった。そこで、馬に鈴をかけ、走らせ、祭祀をおこなったところ、五穀豊穣で天下泰平となった。これが葵祭の起源であるという。祭りの時には、社殿にも、祭りに参加する人々にも一様に葵をつけている。

葵祭りといえば、丹後の籠神社でも同様の祭りが行われている。ここでは四月二十四日に行われ、こちらは藤の花が飾られる。籠神社の御祭神は彦火明命で、またの名は天照国照彦天火明命などであるが、極秘伝に、別雷神《ワケイカヅチノカミ》と異名同神であると伝えられている。籠神社の所蔵される国宝『海部氏勘注系図』を見ると、四世孫、笠水彦命《ウケミズヒコノミコト》のところに、「神停名川耳《カムヌナカワミミ》天皇（綏靖天皇）御宇、以天御蔭之鏡《あめのみかげのかがみ》為神寶、以奉仕、……御蔭之神事、今俗称葵神事」とある。すなわち、綏靖天皇の時、天の御蔭の鏡を神寶として仕えたとあり、この御蔭の神事こそ今俗に葵の神事といわれているものであると、ここで、葵祭りの起源を語っている。

　京都と丹後に同じ祭りがあるのは、一体どうしてだろうか、と思うのであるが、古代の系譜をみると、丹後の王、旦波比古多多須美知能宇斯王《タニハノヒコタタスミチノウシノミコ》の異母弟に山城の王となった山代之大筒木眞若王《ヤマシロノオオツツキマワカノミコ》がいることを思い出す。また、祭神が異名同神であるという。

　そこで、この糺の森の中で、ふと考えるのである。

「糺」とは、どうして名づけられたのであろうかと。

「賀茂御祖神社略史」をみると、

①神が顕れるところ、(顕、たつ、ただす)。

②御祭神、賀茂建角身命が人々の訴えをきき、正邪を糾されたところ。

③蓼巣~蓼科の植物が群生しているところ。

④高野川と鴨川など川の合流する三角州を只州という。

と、いくつか挙げられている。

そこで、私はこう考える。

大丹波王国は広く丹後・丹波・但馬・若狭・近江・山城に拡がる。その王であった、旦波比古多多須美知能宇斯王《タニハノヒコタタスミチノウシノミコ》（＝丹波道主命）の「タタス」が糺の森となったのではないかと。

蚕《かいこ》の社に元糺《もとただす》の池が

鳥居の起源

神社には鳥居があるが、あれは一体なんなのだろうか。「鳥」が「居る」と書くことから、その字義のとおり、鳥が居やすい建物なのかと思ってしまう。

鳥というのは、古代から、死者の霊魂を運ぶもの、という認識があった。霊魂は鳥と化して、彼岸に行くというのである。

古代の英雄伝説に出てくる日本武尊《ヤマトタケルノミコト》は、伊吹山の山の神が白い猪に姿を変えているのをわからず、山の神の使いだろうと見誤ったため、山の神の怒りにふれ、ついに、山の神を平らげることができず、山を下り、清水でのどをうるおした。その居寝《いさめ》の清水は、米原にある醒ヶ井《さめがい》のことだと言われている。その後、とうとうヤマトタケルは息が絶えたのだが、日本武尊《ヤマトタケルノミコト》の魂は八尋もの白い鳥となって、天翔《あまかけ》ったという。古代において、白い鳥には人間の霊魂が内在していると信じられていたのであろう。

　また、アマテラスが岩戸隠れをした話は有名であるが、世の中が真っ暗になり、困った神様たちは、どうにかしてアマテラスを岩戸から引き出そうとして、やっとのことで、天の岩戸を開けたが、そのとき、鶏を鳴かせたとまり木から鳥居の考えが起きたともいわれる。

　また、鳥居の起源は、韓国のチントベキだという説がある。これは、一本の木の上に、三羽のカモメ（木製）をのせたもので、悪霊や、悪病を防ぐ村の守護のシンボルとなっているものである。また、中国の華表《かひょう》といって陵墓の前にたてる石柱の標識がその起源だという説もある。ほかに、古代インドの、塔を囲む垣の門、トラーナ説などいろいろあるようだ。

鳥居とは、「鳥が居る」ということのほかに、「通り入る」というふうに読めるのであるが、鳥居とは、神の神域と、人間の俗界を区分けしているものであろう。

美しい滝が流れているところや、雨あがりにはマイナスイオンが発生すると言い、その爽やかさは、マイナスイオンのせいだったのか、と、納得するのであるが、こんな話を聞いた。おもしろい実験をした人があって、たとえば、伏見稲荷神社のようにたくさんの鳥居があるようなところでイオンを測定すると、なんと、鳥居の外はプラスイオンであるのに、鳥居のなかはマイナスイオンであったというのだ。そのように考えると古代は、まず、神のよりしろとしての、磐座《いわくら》があり、古代の人々は、それに神威を感じ崇拝した。そして、やがて、神社を建て、俗界との結界に鳥居を築き、神威のただよう空間を定めたのではないだろうか。自然世界の中に、ゆるぎない神の力というものを感じ取っていたのであろう。そしてその力は、退化した現代の人間以上の霊力、霊感を持っていたのではないだろうか。

蚕の社の三柱鳥居

そのように、考えた時、さらに、神秘に満ちた鳥居があることを告げなければならない。

鳥居にもいろいろあって、京都太秦《うずまさ》にある通称、蚕の社といわれている、木嶋坐天照御魂神社《このしまにいますあまてるみたま》には、三柱鳥居《みはしらとりい》がある。上からみると、正三角形で、三つの柱でささえられ、三方どこからみても鳥居の形がとられている。真ん中には、組石の神座があり、御幣がたてられている。三方から拝礼できるしくみである。

養蚕神社が境内にあることから、蚕の社といわれるが、養蚕や、機織《はたお》りなどの技術を伝えた渡来人の秦氏の勢力範囲である。御祭神は、天御中主命《アメノミナカヌシノミコト》、瓊瓊杵尊《ニニギノミコト》、火火出見命《ホホデミノミコト》、鵜葺草葺不合命《ウガヤフキアエズノミコト》、大国魂神《オオクニタマノカミ》とあるが、もともとは、その神社名からもわかるように、天火明命《アメノホアカリノミコト》が祀られているのである。天火明命といえば、海部氏の祖神であり、旦波比古多多須美知能宇斯王《タニハノヒコタタスミチノウシノミコ》（＝丹波道主命）は、その系譜につながり、丹波、丹後、山城に広く勢力を誇った。

実は、この社のなかに、「元糺の池」というのがある。糺の森は、下鴨神社にあるが、「糺の森」の「元」こそこの蚕の社だというのである。

下鴨神社の御祭神は、賀茂建角身命《カモノタケツヌミノミコト》であり、上賀茂神社は、賀茂別雷大神を祀る。御祭神についても、火明命と賀茂別雷大神は異名同神と伝えられている。また、その係累にあたる古代の英雄旦波比古多多須美知能宇斯王《タニハノヒコタタスミチノウシノミコ》（＝丹波道主命）の「タタス」こそ、元糺の池の名に秘められ、糺の森に秘められているのである。

糺の森にもマイナスイオンが漂っているだろう。そして、なによりも、その「元糺」である蚕の社の三柱鳥居こそ、古代祭祀が行われた磐座のポイントマークではなかっただろうか。

この三柱鳥居のところに、元糺の池がある。夏の土用の丑の日に手足をつけると、しもやけや脚気にならないと言われる。神威が働くのであろう。この、三柱鳥居の位置がレイライン（太陽の道）に当たるとしたのが、大和岩雄氏である。氏によると、鳥居を上からみた、正三角形の各項点と垂線は、松尾山、愛宕山、稲荷山、比叡山（四明岳）、双ヶ丘という秦氏に関わる聖地につながるとのことだ。

この鳥居は、謎めいている。しかし、古代の人々のほうが現代に生きるものより、実は、霊力や直感というものについていえば、優れた能力を持っていたのではないだろうか。そう考えたほうが、そう考えることが、謎の解明に一歩近づくのではないか。

丹後最大級最古級にせまる難波野《なんばの》遺跡

難波野遺跡

丹後最古の王墓といわれるのは、先頃話題になった与謝野町の日吉ヶ丘墳墓であるが、ちょうどそれと同時代のものとされる墳墓が見つかった。宮津市江尻の難波野《なんばの》遺跡である。

　難波野というと、大阪の難波《なにわ》を思い浮かべるが、丹後に難波野という地名があって興味深い。これは、弥生時代中期後半（紀元前一世紀ころ）の方形貼石墓《ほうけいはりいしぼ》二基を含む遺跡群であり、露出した部分は短辺１６．２メートルあり、長辺は約３０メートルあると推定されるという。そうすると、以前に与謝野町加悦の、明石で発掘された日吉ヶ丘遺跡が、同じく弥生墳墓で、長辺が３２メートル、丹後の弥生墳墓では最大といわれた遺跡と肩を並べるというものであり、大変な成果であるといえる。方形貼石墓は、古墳時代の前方後円墳が出現する前の形態で、そのこ

眞名井神社

ろ、丹後のこのあたりに首長クラスの有力者がいたということの証明となるわけである。

そしてなによりもこの地には、周辺いろいろな史跡や伝承があるところなのだ。マリントピア6号館が近くにあり、周辺には、丹後の一宮である籠神社の奥宮で、「吉佐宮」ともいわれる眞名井《まない》神社がある。ここには、ご祭神として豊受大神、天照大神、伊邪那岐《イザナギ》、伊邪那美《イザナミ》が祀られている。天香語山命《アメノカゴヤマノミコト》がこの磐境《いわくら》のそばに天の吉葛《よさづら》が生じ、そのできた瓠《ひさご》で真名井の清泉をくみ、神饌《しんせん》を調《ととの》え、厳かに祭ったことから、吉佐宮というといわれる。また。地名の与謝《よさ》もここに由来するといわれる。倭姫命《ヤマトヒメノミコト》が各地を巡行したとき、ヤマトから、まず一番に「但波國吉佐宮」に来ているが、その伝承地のひとつである。

二人の皇子

また、このあたりには、麓《ふもと》神社という社がある。これは、億計《おけ》王と弘計《をけ》王、それから仁徳天皇が祭られている。この二人の皇子は、後の仁賢《にんけん》天皇と顕宗《けんぞう》天皇である。

二人の父は、悲劇の皇子、市辺押磐皇子《イチノベノオシハノミコ》である。履中天皇の息子である市辺押磐皇子は、皇位継承の争いに巻き込まれ、雄略天皇の謀略にはまり命を落とした。滋賀県の東近江市に陵墓がある。その後の皇位争いは必至であり、その争いを避けて二人の皇子は丹後の豪族日下部使主《くさかべのおみ》に守られ、逃げ落ちてきたのであった。そのとき、二皇子は、まずこの難波野にたどり着いたのである。

地元伝承によると、二人の皇子が常人でないことを知った里人たちは敬重し、おいしいものや珍しいものがあれば、まず皇子にすすめ、その後その余りを食べたという。また、難波野から三重長者五十日真黒人《イカガノマクロウド》を頼り出ていくとき、大きな赤飯の握り飯をつくって持たせたということで、これが、居在福《いありふく》といわれる今に伝わる行事である。

ほかにも、二人の皇子は、災いを避けるまじないもしたということで、折々、験《しるし》があったということである。そのひとつ、この里に「永遠に火災がないよう」にまじないをすると、以来、一戸も焼失することがなかったといわれる。

この難波野から、今度は、播磨の国まで逃れるのであるが、ここで二人は、「丹波の小子《たにはのわらわ》」と呼ばれた。丹後に縁の深い天皇であったといえよう。

さて、顕宗天皇となった弘計王は、難波小野女王《ナニワノオノノヒメミコ》を娶っている。この姫こそこの難波野の出身ではないかといわれている。また、ふたりの皇子の母、荑媛《はえひめ》は、この麓神社の北嶺にお墓があるといい伝えられている。

『日本書紀』にも書かれているこの舞台は、アマテラスの巡行の際、最初におとずれた土地であり、これほどさまざまなエピソードが地元伝承にも残り、今に伝えられていることは見逃すわけにいかない。皇位継承争いを逃れようとしたものの、いずれも、最後は皇位に即《つ》くのであるが、皇子たちを守ろうとした古代丹後の懐の深さを思うとともに、それはヤマトに匹敵する実力者のいた丹後であったがためにこそ成し得た偉業であろうかと思うのである。

今回の発掘で特に心にとめられるのは、やはり、弥生期の繁栄がこの宮津の難波野にあったという事実である。

紀元前後からこの日本海沿岸の繁栄に思いを馳せるのであるが、籠神社に伝えられる伝世鏡のひとつは前漢鏡である。弥生期の丹後最大級に属する有力者の貼石墓が発見されたことは今後大きな意味をもつだろう。

旦波、丹波から丹後へ名前は変わった

旦波・丹波から丹後に

日本全国平成の大合併に揺れる中、京都府北部の旧網野町、峰山町、大宮町、弥栄町、丹後町、久美浜町はいち早く京丹後市という名前で合併したのが、平成十六年四月一日である。ここは、古代、旦波《たには》と言われていた。初見は、『古事記』開化天皇の条に「旦波之大縣主《たにはのおおあがたぬし》」と出てくる。また、「丹波比古多多須美知能宇斯王」というのも同条に出てくる。また、崇神記には、「旦波國」、『日本書紀』垂仁天皇の条には、「丹波國に五婦人有り」とあるように、かつては、「旦波」そして、「丹波」といわれた。いずれも、「たには」と訓《よ》んでいたことがわかる。『日本書紀』によると、

その後、天武十二年（六八三年）十二月十三日に「天下を巡《あり》きて、諸国の境界《さかい》を限分《さか》ふ。」とあり、このころ、地域の区割りがされたことがわかる。

天武十三年（六八四年）十月三日に、「諸国《くにぐに》の界《さかい》を定めしむ」とある。また、天武十三年十一月「また丹波國氷上郡言《まお》す、十二の角あるうしのこありと」という記事が見えることから、このころ、今の但馬が丹波であったことがわかる。

そして、天武十四年（六八五年）に（『丹波史年表』松井拳堂によると）丹波國を丹波と但馬の二国に分けたとある。但馬國、といえば、朝来郡、養父郡、出石郡、気多郡、城崎郡、美含郡、二方郡、七美《しつみ》郡の八郡である。

その後、和銅六年（七一三年）四月三日、丹波國から五郡（加佐郡、与謝郡、竹野郡、丹波郡、（中郡）、熊野郡）が割かれ、丹波の道の後《しり》國、丹後と名付けられ、そして現代にいたるわけである。

従って、少なくとも天武天皇以前は、丹波といえば、「丹波」と「但馬」と「丹後」が入っていたわけであり、ここに、三タン王朝といわれる由縁がある。さらに、私の研究している国宝系図『海部氏系図』の分析から、隣りの若狭はもちろんのこと、また、山城、難波まで、それから、海人の移動からも近江、淡路島を含むあたりまで、広く勢力をもったのではないかと考察している。

このように、古代におけるこの丹後とは、とても広い範囲で丹波と呼ばれていたといえるのである。そのため、丹後となったのは八世紀のことであり、本当に丹後の古代の繁栄ぶり、王国ぶりを語るには、丹波と言うべきであり、古代より「大縣主」といわれた丹波で大きな地域国家を呈していたという意味で、私は敢えて「大丹波王国」と言っているわけである。

大丹波王国の歩み

日本海側を「裏日本」という表現をされたことがあるが、この言葉は、明治二十八年ころから言われ始めた言葉で、それから、明治三十二年に「後進」、後《おく》れているところと言われたのであるが、この長い歴史の中で、古代から先進的地域であったのは、むしろこの日本海沿岸の方である。渡来の先進文化は、この地にいち早くたどり着き、それが、古代日本を動かしてきたのである。このことは、たくさんの遺跡群や遺物が教えてくれている。とりわけ久美浜町箱石から出土した貨泉というコイン（八年〜二十三年の新の時代のコイン）、中国三千年前にルーツをもつ陶けんという土笛、耳とうという耳飾り（中国漢代に流行）、蛭子山古墳、網野銚子山古墳、神明山古墳などの巨大古墳など数々ある。

そうしたなかで、考古学界ではいよいよ丹後の時代、一九八〇年代の訪れを見たのであった。

丹後半島は、日本海沿岸では、巨大古墳を持つ特筆すべき地域であるが、その古墳の量においても京都府一である。昭和五十六年（一九八一年）京丹後市久美浜町からは、黄金の太刀が出土し、その霊力放つ輝きには、古代丹後王国の存在が彷彿とされた。これを皮切りとして、以降、丹後半島の古代の遺産は蘇ったのであった。昭和六十一年、福知山の広峯古墳から、景初四年の鏡出土、昭和六十二年、京丹後市大宮町から女性単独で眠る大谷古墳の発見、平成六年、京丹後市弥栄町と峰山町の間の大田南5号墳からは、青龍三年鏡が出土した。平成八年弥栄町の奈具岡遺跡から一世紀ころと考えられる水晶工房跡、平成十年与謝野町岩滝の大風呂古墳からは完形のガラスの腕輪や、鉄剣十四本も出土した。平成十二年、京丹後市峰山町の赤坂今井墳丘墓から管玉勾玉《くだたままがたま》でできた弥生の冠には、今にも被葬者が蘇るかのような驚愕を覚えた。そして、平成十三年、加悦町の日吉ヶ丘遺跡は、紀元前二世紀から紀元前後にあたる方形貼石墓であり、丹後の最初の王が眠る墓ではないかと言われたのである。

このように、ざっと記憶にとどまるだけでも枚挙にいとまがない華々しさである。

丹後の衰退の歴史

豊受大神遷宮と丹後の落日

しかし、こうした繁栄のあとには、翳りもやってくる。盛者必衰の理《ことわり》は丹後の歴史にこそあった。

『日本書紀』によれば、応神天皇三年（三九二年）のとき、「海人さばめき命にしたがわず」そして、応神五年（三九四年）海人部が定められたと記録がある。

この頃、丹後では、『海部氏勘注系図』によれば、「丹波国造　建振熊宿禰《タケフルクマノスクネ》海部直《あまべのあたい》の姓を賜う」という記事がある。このことから、それまで、〇〇命という歴代の当主の名は、ここより、「丹波国造　海部直〇〇」という表記にかわっている。海部氏の建振熊宿祢《タケフルクマノスクネ》が海部の姓を賜ったということ、これすなわち、臣下に落とされたこと、ひいては皇位継承権を奪われた瞬間でもあった。こうして、四世紀末から、海部姓を名乗ることになる。その後、五世紀ころから大和政権は徐々に整っていく。

雄略二十二年（四七八年）には、浦島子が常世に行くという記事が『日本書紀』にあるが、そのかげで、丹後の祖神豊受大神《トヨウケオオカミ》が伊勢に遷宮されたことが『倭姫命世記』にある。

そして、大化の改新の六四五年に、海部家ではさらに転換期を迎えていたのである。海部直伍佰道祝《アマベノアタイイオジノハフリ》からは、その「祝《はふり》」名が示すとおり、神職となり、現在に至るのである。

六八五年天武十四年丹波から但馬が分国される。

七一一年、外印をほしいままにしたとして海部直千足《アマベノアタイチタリ》が流罪になる。

丹後の分国

和銅六年（七一三年）、丹波がさらに丹後と丹波に分国され、丹後に入れられたのはそのうちの、加佐郡、与謝郡、中郡（丹波郡）、竹野郡、熊野郡である。勢力の分断化が図られたのであった。ただ、ここに、丹波郡という名があるように、ここは、今の京丹後市峰山町があるところであるが、ここに、丹波という地名が残っている。しかも、そのすぐそばには、近年発掘された、王の所持品かと思われる豪華な勾玉や、管玉でつくられた冠が出土した赤坂今井墳丘墓がある。およそ二〇〇年ころの遺跡である。このことだけを見ても、古代卑弥呼が活躍したころの、二～三世紀の丹後は、大陸との交易の中で先進的な文物、文化を手にして勢力を誇っていた中心的な地域であったことがわかる。また、竹野という名も開化天皇の妃となった竹野姫を即座に思いだす。熊野郡にしても、ここには、海士《あま》という地名が残るように、古代海部郷である。もちろん、古代海部族の拠点であった。与謝は、その地名のもとを「あめのよさづら」と言い、瓠《ひさご》のことである。倭姫命《ヤマトヒメ》がアマテラスを祀った吉佐宮がある。与謝の名はここから起こった。

このような、歴史の試練を受けた丹後であった。

しかし、今ふたたび、誇り高く蘇らねばならない。

鉄と玉と鏡の国、丹後

三種の神器《じんぎ》にかかわる丹後

思い起こせば今から二十三年前になる。『丹後半島学術調査報告』(京都府立大学編)が昭和五十八年三月に発行され、そこに門脇禎二先生が「丹後王国論序説」と題し、丹後王国論を展開された。もやもやとした霧を払拭してくれるような衝撃を覚えたことを、昨日のことのように思い出す。

丹後半島は、新の王莽の時代（八～二十三年）の貨泉《かせん》が久美浜町から出土するなど、考古学的にも注目されるところであったが、それは私が伝説の研究などから古代丹後に注目していたその折りも折りであった。

考古学界において、一九八〇年代はまさに丹後の時代だと言われるほど次々と発掘成果が出た。

そして、平成十六年六月には、京丹後市弥栄町の奈具岡遺跡出土品が重要文化財に指定された。

奈具岡遺跡は弥生中期の玉つくり工房跡で、ここからはおびただしい量の水晶玉や碧玉製管玉、ガラス玉が出土した。しかも、水晶玉を作る制作過程、加工に用いられた鉄製の工具がともに確認されたのである。丹後半島の発掘で特徴的なことは、ひとつは「玉」である。奈具岡遺跡のものをはじめ、大宮町の三坂神社墳墓群や左坂墳墓群からは１０，０００点以上のガラス小玉やガラス勾玉、管玉等が出土している。

そして、またひとつは、「鉄」である。奈具岡遺跡からは、十キログラムをこえる鉄素材や鉄素材に用いる製品が出ている。

また、弥栄町の遠所遺跡《えんじょいせき》は、六世紀後半の製鉄炉であるが、規模といい、日本国内でも最古級のものであるといわれている。

そして「鏡」。峰山町と弥栄町の境にある大田南五号墳からは、青龍三年鏡が出土している。

「玉」「鉄」「鏡」を持つ国、丹後である。このように書いてくると思い出すのは、三種の神器「勾玉」「草薙《くさなぎ》の剣」「鏡」である。丹後が弥生時代からふんだんに持っていたものが三種の神器に通じているように思う。

丹波で八尺瓊勾玉《やさかにのまがたま》発見

勾玉については、『日本書紀』にも、発見されたところが、丹波の桑田というところであるという伝承が書かれている。

『日本書紀』の垂仁紀に次のようにある。

「昔、丹波国の桑田村（今の京都府亀岡市東部）に人有り、名をミカソという。則ち、ミカソが家に犬あり。名を足往《アユキ》という。この犬、山獣《しし》名を牟士那《ムジナ》というをくいて殺しぬ。すなわち、獣の腹に八尺瓊勾玉《やさかにのまがたま》あり。よりてもってたてまつれり。この玉は今、石上神宮《いそのかみじんぐう》にあり。」

つまり、丹波国のミカソという人が持っている犬が、牟士那《ムジナ》という獣を殺したところ、その獣の腹から、三種の神器《じんぎ》のひとつである大きな勾玉が出てきたというのである。

これは、いったいなにを物語っているのだろうか。

一番の注目点は、皇室の三種の神器のひとつである勾玉が発見されたところが丹波である、ということである。

「皇室の神器、神宝は日本海との関係が非常に深い」と、前同志社大学教授森浩一氏も述べられている。

さて、一九九八年に滋賀県新旭町の熊野本遺跡（弥生中期～後期）から、七四一個のガラス小玉と、弥生中期の板状の鉄素材や鉄鏃《てつぞく》などの鉄器が高密度で出土したと発表された。しかも、このガラス小玉は、丹後の大風呂古墳から出土したガラス釧《くしろ》と成分が同じであることがわかった。また、鉄は、丹後の奈具岡遺跡のものと同種であることがわかった。さらに、琵琶湖からは採れないハマグリなど、明らかに日本海沿岸から流入した遺物と見られるものも出てきている。

丹後から近江にはいる日本海ルートの重要性に、大いに注目する必要がある。

このように、「鉄」も「玉」も「鏡」も、古代日本の成立において欠かすことのできない要素であり、これらは古代における最初の政治的なまとまりであるヤマト政権の政治システムを構築するにはなくてはならないものであったに違いない。そして、それを持っていたのが丹後である。これらからわかるように、日本海ルートで文化はヤマトに入ったのだ。

第二章　偉大なる古代の女性と祭祀の伝統

母系制度へのあこがれ

古代は母系社会

『細雪《ささめゆき》』といえば、谷崎潤一郎の名作である。作品のなかでは、東京生まれの貞之助が芦屋に来て四人姉妹である妻や妻の妹たちにぜいたくな暮らしをさせ、義理の妹に良縁を得させようとする物語である。女系家族のなかに男性が入った形である。

谷崎潤一郎は、私生活において佐藤春夫との交友があったが、潤一郎の夫人と春夫が恋愛関係になったため、妻を春夫に譲渡した事件があった。その後、潤一郎は、根津松子という女性と知り合い熱烈な恋愛の末、結婚をする。

丸谷才一氏によると、『細雪』は、「谷崎が松子夫人に対して抱いていた、いや、実際に手紙に書きさへした、家来として御許に仕えたい、奉仕したいといふ気持がこの長編小説の芯のようになっている」と言い、また、「茫漠たる時間の彼方にあって女系で相続されてゆく王国の王となって女たちに奉仕したいという願望だった」と言い、この『細雪』の人気の秘密は、現代女性の心にひそむ、古代の女系家族制へのあこがれにこたえたものだとしている。「おんなは日ごろ、心のどこかに、男が支配する社会に男が中心である家庭をいとなんで暮らすのではなく、古代の女性支配の社会における女系家族のようにして生きたいといふ願いを秘めて生きている。」と、丸谷氏はつづる。

こうした女性重視の、すなわち母系重視の形は、どこまでさかのぼれるのだろうか、と思った時、「妻問い婚」を思い浮かべる。これは、男が女のもとを訪れて求婚することで、これもまた女系家族的婚姻形態といえる。

子が生まれた時、母親が誰かははっきりしているが、父親が誰かということは曖昧である、というこの古今東西変わらぬ現実が母系の社会を維持したのだろうか。

それでは、男性優位の社会はいつからだろうか。もともとは母系社会であったものが、やがて、男が土地を持ち、私有財産を持つにつれ、父系父権の時代へと変わっていった。母から娘へと伝えられていた財産は、父から息子にと伝えられる。すなわち、招婿婚から嫁娶り婚への移動である。

この時期を、武家時代に入る室町中期以降であり、一夫一婦制が確立したとされる。

となれば、古代は母系社会であったのだ。これを『古事記』などから探ってみよう。

たとえば、アマテラスとスサノオの関係。アマテラスは女系ゆえに高天原を治めるように言われるが、須佐之男命《スサノオノミコト》は、出雲の国に行き、八俣遠呂智《ヤマタノオロチ》を退治して、奇稲田姫《クシナダヒメ》と結婚する。これは、奇稲田姫《クシナダヒメ》という女性の家に須佐之男命という男性が入った形、すなわち母系制度である。

また、日本武尊《ヤマトタケルノミコト》の物語を見てみよう。日本武尊《ヤマトタケルノミコト》は熊襲を討ち、出雲建《イズモタケル》を討ち、西国から帰った。そして日本武尊《ヤマトタケルノミコト》は、またすぐに東国を討つように命じられる。その後、尾張の国の宮簀姫《ミヤズヒメ》と結婚する。そうして、伊吹山に荒神がいるというので退治に出るのだが、そのとき、持っていた三種の神器の一つである「草薙の剣」を宮簀姫に渡して行っている。この大事な三種の神器《じんぎ》が尾張氏のもとに残ったということからしても、どちらに主体があったかということを思うのである。

尾張氏と丹後の海部氏は、それぞれの系譜を見ても同族であることが明らかであるのだが、ここでも、日本武尊《ヤマトタケルノミコト》という男性が、宮簀姫という女系の家に入った、ということがいえる。

古代大丹波王国は、母系として力を持っていたと考えられる。

近代の谷崎文学の『細雪』ですら、こうした記憶から消し去られた古代の母系制度へのあこがれが底辺に脈々と流れていることを思いながら、古代における母系の重要性を改めて認識するのである。

古代、女性は輝いていた

家刀自里刀自《いえとじさととじ》

春爛漫、桜の花びら乱舞する下で、お酒を楽しむのも一興の季節である。お酒といえば、丹後には、和奈佐《ワナサ》老夫婦の子となった天女が万病に効く酒を造り、そのため富栄えたという天女伝説が残されているが、もともと酒というのは男女どちらが造ったのだろう。

『魏志』倭人伝というのは、卑弥呼が活躍したころのことが書き留められていて、二～三世紀初のころの倭国の状態を知ることができるのであるが、そこに次のようにある。

「その会同《かいどう》、坐起《ざき》には父子男女なし。人性酒を嗜《たしな》む」

このころは、村の集会の時も座席の順はなく、親も子も男性も女性も区別がない。人々は皆お酒好きである、と書かれている。

奈良時代には、刀自《とじ》と言われる人がある。これには、家刀自《いえとじ》とか里刀自《さとどじ》と言われる人があるのだが、刀自とは、平たく言うと、主婦のことである。しかし、単なる主婦ではない。統率力のある、家を切り盛りする中心的人物が家刀自、村を統率するような中心的役割をするのが里刀自である。つまり、人々を指揮する女性有力者のことである。

すなわち、一家のなかで神に供える酒づくりをし、造った酒を神に供え、神祭りをするのは古来女性、つまり家刀自の役割であったのだ。酒造りのもとになる神田《しんでん》の耕作には、身を清めた女性がひとり、山から伐りだしたばかりの木で作ったクワで神田を耕したと言う。

今、杜氏《とうじ》というものがあるが、これは、酒作りに従事する人をいい、主に男性である。もともとは、女性の役割であったものがいつの間にか男性の仕事のようになったのである。しかし、言葉だけは酒造りをした刀自《とじ》から杜氏《とうじ》となったもので、ここに名残りがある。

古代女性は輝く

さて、『令集解《りょうのしゅうげ》』という大宝令（七〇二年成立）の注釈を集めた書物がある。これは九世紀なかばにできたものであり、八世紀前半の村落祭祀の実態をよく伝えるものと言われる。ここに次のようにある。「祭田の日、飲食を設備し、併せて人別に食を設く。男女悉《ことごと》く集まり国家の法を告げ知らしめおわる。即ち、歯をもって坐に居し、子弟等をもって膳部《かしわで》に充て、飲食を供給す」とある。

祭りの日には、神前に酒と食物を供え、それとは別に、ひとりひとりの食膳の用意もしておく。男女の村人が集まり、国家の法が告げられる。終わると、男女は年齢順に座席につき、若者が給仕役となって、神に供えた酒や食物をおろしてきて接待する、というのである。これらの書物から推察すると、八世紀くらいまでは男女がともに村の集会にも出ていたことがわかる。昔は、村の集会や祭りは神前で行われ、神前にお酒を供えることは女性の役割であったように、男女はともにそれぞれの役割を果たし同等の立場にいたことがわかる。

ところが、中世に入り、女性は排除されるようになる。儒教や仏教の浸透、家父長制度、武家社会となっていくなかで、男性優位社会がつくられ、中世後期以降の村祭り（宮座）は女性等を排除して行われたのであった。それでは、そのことをどのように女性に納得させたのであろうか。それは、女性は男性にはない生理があり、出産があり、その血で大地を汚すというもので、すなわち、女性とは不浄な体であるとしたのであった。このようにして、時代とともに女性は軽視されていったのである。

しかし、女性には男性にはない呪力や生命を生み出す偉大な力があると思われ、女性を遠ざけようとしたのは、女性を不浄とみなしたからではなく、女性は想像を超える力があり、その女性の持つ力を怖れ、敬して遠ざけたものとも考えられよう。

かつて、卑弥呼は千人の女性を侍らせて、たった一人の男性だけが居処に出入りすることができた。

古代には、卑弥呼のようなシャーマンとして呪力を持ち、エネルギーにみちた女性がいた。

そして、古代においては、経済においても生産においても政治においても、男性と女性はそれぞれの働きの中でそれぞれの役割を果たしていたのである。

このように、古代女性は輝いていたのだ。

甲骨文字が表すこと、女性は何にひざまずく

白川静漢字学から学ぶこと

甲骨文字というのは、中国の殷代の文字である。殷というと、中国史上存在が確実とされる最初の王朝である。紀元前十四から紀元前十一世紀、この殷の遺跡から甲骨文字が発見されたのであるが、これが、今の漢字のもととなっている。白川静漢字学によると、たとえば、男という字は、「田」と「力」でできている。「力」は農具の鋤《すき》の形からできた象形文字である。したがって、田を耕作するというのが「男」という文字の成り立ちである。しかし、この「力」というのは、単に、筋力をいうのではなく、農地の管理をするものを表すのだという。ということは、「男」という意味のなかには、単に筋力で耕作をするものではなく管理者としての能力のある人だということを教えられるのである。

それから、婦人の「婦」という字がある。この間まで、「婦人センター」といっていたところが、「女性センター」という名前に変えられたのは、「婦」という字が

「主婦」を表すから独身女性に対して平等ではないということらしい。また、今まで、「看護婦・保健婦」といっていたものも、一斉に、「看護師・保健師」という呼び名に改められたところである。これにも、理由があって、看護師という職業は、女だけではなく、男もなるため、「看護婦」では実情にそぐわないということらしい。確かにもっともな話である。ただ、この「婦」という字をもう一度よく見てみたい。これは、女に「帚《ほうき》」という旁《つくり》がついている。女には帚《ほうき》ということで、女性蔑視につながるかのような意見も聞いたのでもう一度この字を考えてみたい。すると、この「帚《ふ》」というのは、掃除道具のほうきを表しているのではないことがわかった。これは、香り酒をそそぎ、宗廟《そうびょう》の内を清めるための「玉はは き」であり、そのことに当たるのは、一家の主婦であり、そのものを「婦」というのである。しかも殷代の婦は、一族を代表する重要な地位にあったのである。そう考えると、「婦」というのは大変誇りに満ちた女性を表している大事な言葉であることがわかる。

また、「夫《おっと》」という字は、大きいという字で人の正面からみた形であり、その頭に簪《かんざし》をつけた形である。つまり、男が正装の簪をした状態で、結婚の時の正装をした男性を表すのが「夫」なのである。逆に、女が簪をさして正装する、すなわち結婚の時の正装した女性を表すのが「妻」という字である。このように見てみると、漢字というのはとてもおもしろい。

威力の「威」という字がある。この字には「戉《えつ》」という字の中に「女」という字があり、ふたつ合わさってできた会意文字である。「威」とは、「おごそか」とか「人を恐れ従わせる勢い、力」のあることをいうが、ここに「女」という字が使われている。なぜだろう。そこで、興味がさらに湧いてきたのであるが、もともと「戉」という字は「鉞《まさかり》」のことであるという。つまり、宗廟において、聖器として「鉞」があり、それによって清め、威儀を正すということで、それに携わるのが女性であるということのようだ。

女は何にひざまずく

奈良時代でも、神祭りをするのは、一家の主婦である女性の役割であった。神前にお供えをするお酒ももともとは、女性が作り、女性の手によって捧げられたということを思い出してみると、古代においては、女性が大変重要な役割を果たしてきたことを今さらながら知るのである。

さて、それでは、「女」という文字は、いったいどういう象形文字なのであろうか。これは、「女性が、手を前で交え、裾を押さえるようにしてひざまずいている姿」からできたものであるという。女性は何故ひざまずくのか。何に対してひざまずくのだろうか。

疑問が私をとらえた。そして思った。これは、大いなる神に対してひざまずいているのではなかろうかと。

たおやかなる女性は、神にひざまずくのだ。そして、男性は生産力をもつ統治者なのだ。

男性も女性もそれぞれの役割を持ち、それをお互いに人として、尊重し合い、尊敬し合いながら生きていくことが、美しいあり方なんだろうということを、甲骨文字を見ながら教えられた。

垂仁天皇と狭穂彦《サホヒコ》・狭穂姫《サホヒメ》兄妹の恋物語

狭穂彦《サホヒコ》の反乱

垂仁天皇の最初のお后は、狭穂姫《サホヒメ》である。狭穂姫《サホヒメ》には狭穂彦《サホヒコ》という兄がいるが、この兄が謀反を起こすのである。

狭穂彦《サホヒコ》は、妹の狭穂姫《サホヒメ》に対し、次のように問う。「夫《せ》と兄《いろせ》といづれが愛《は》しき。」（夫である垂仁天皇と兄である私とどちらを愛しているのか。）それに対し、狭穂姫《サホヒメ》は思わず「お兄様を愛しています」と。

すると、狭穂彦《サホヒコ》は、「本当に私を愛しく思っているならば、私とあなたとで天下を治めましょう」と、いって、小刀をその妹に授けて、この小刀で天皇が寝ているところを刺し殺すようにといった。

天皇はその謀略を知らずに、その后の膝枕で寝ていた。狭穂姫《サホヒメ》は天皇の首を刺そうとして三度まで振り上げたけれども刺すことができず、泣いた涙が天皇の顔に落ちた。

天皇は驚いて、后に問う。「私は、今あやしい夢を見た。狭穂のほうより暴雨が降ってきてにわかに私の顔をぬらした。また、錦色の小蛇が私の首にまつわりついた」狭穂姫《サホヒメ》は天皇に争うことはできないと思って告白した。「私の兄狭穂彦《サホヒコ》は私に、夫と兄とどちらを愛しているかと問いました。お兄さんを愛しています。と答えると、私と貴女とで天下を治めましょう、と言い、天皇を殺すようにと、小刀を私に授けました。あなたの首を刺そうと思って三度まで振り上げたけれども哀しい情が起きて首を刺すことができませんでした。泣いた涙が落ちて、天皇のお顔を濡らしました。夢に見られたのはその現れです」ここで、天皇は、狭穂彦《サホヒコ》を征伐するため軍を起こした。狭穂彦《サホヒコ》は、稲城を作って戦った。

狭穂姫《サホヒメ》は、兄を思い、後門から逃げ出し兄の稲城にはいった。

この時、狭穂姫《サホヒメ》は妊娠していた。天皇は、その后を愛して三年になり、妊娠したことを愛おしく思った。そのため、すぐには攻めなかった。このように滞っている間に御子が生まれた。そして、狭穂姫《サホヒメ》はその御子を稲城の外において、天皇に言った。「もし、この御子を天皇の御子と思われるなら育てて下さい。」天皇は、狭穂彦《サホヒコ》を恨みはしたが、狭穂姫《サホヒメ》は愛おしいと思い、后を取り戻そうという心があった。そして、この御子を受け取るとき、その母王も掠め取れ、と言った。

ところが、狭穂姫《サホヒメ》はあらかじめその心を知り、その髪を剃り、その髪で頭を覆い、玉緒を腐らして、手に巻き、また酒で衣装を腐らして衣のようにした。こうして、その御子を抱いて城の外にたった。力のある兵士が子をとり、その母もとろうとしたが、髪をとれば髪が落ち、手をとれば玉緒がとれ、衣をとると破れ、子を取ることはできたが、母親は得ることができなかった。

天皇は、后に御子の名はなんと付けたらいいか問う。「火の中で生まれたので誉津別皇子《ホムツワケノミコ》とつけて下さい」と言った。

また、「貴女の結んでくれた美豆能小佩《みずのおひも》(下紐)は、誰に解かせればよいのか。」(次の后には誰をむかえたらいいのか。)と問う。すると、「日波比古多多須美智能宇斯王《タニハノヒコタタスミチノウシノミコ》の娘、兄比売《エヒメ》、弟比売《オトヒメ》、この二人の姫は心の美しい人です。これを后にして下さい。」と。

『古事記』より

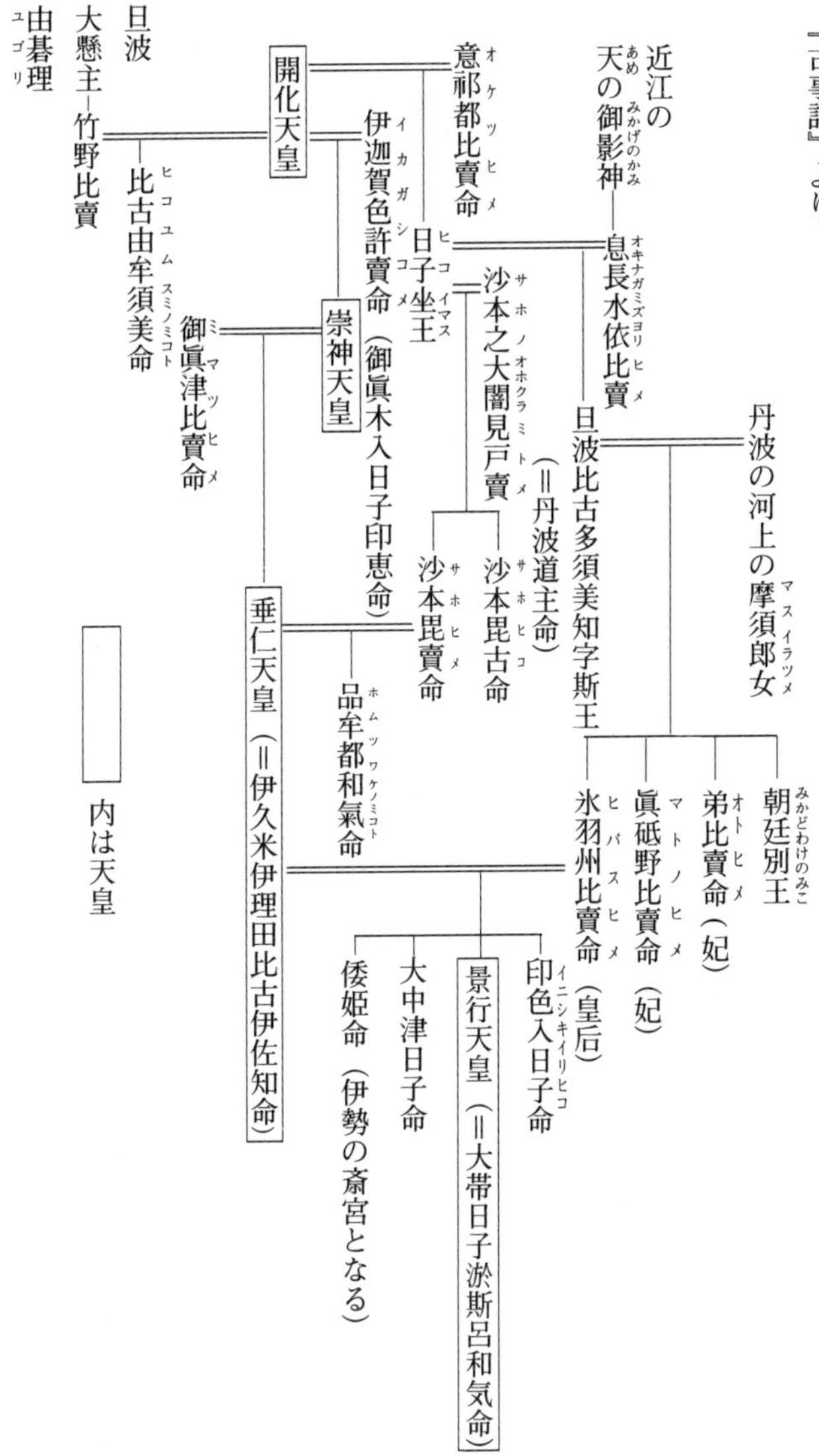
近江の天《あめ》の御影神《みかげのかみ》
息長水依比賣《オキナガミズヨリヒメ》
丹波の河上の摩須郎女《マスイラツメ》
旦波比古多須美知字斯王
朝廷別王《みかどわけのみこ》
弟比賣命《オトヒメ》（妃）
眞砥野比賣命《マトノヒメ》（妃）
氷羽州比賣命《ヒバスヒメ》（皇后）
印色入日子命《イニシキイリヒコ》
景行天皇（＝大帯日子淤斯呂和気命）
大中津日子命
倭姫命（伊勢の斎宮となる）
意祁都比賣命《オケツヒメ》
日子坐王《ヒコイマス》
沙本之大闇見戸賣《サホノオホクラミトメ》
（＝丹波道主命）
沙本毘古命《サホヒコ》
沙本毘賣命《サホヒメ》
品牟都和氣命《ホムツワケノミコト》
開化天皇
伊迦賀色許賣命《イカガシコメ》
崇神天皇
（御眞木入日子印恵命）
垂仁天皇（＝伊久米伊理田比古伊佐知命）
御眞津比賣命《ミマツヒメ》
旦波大懸主
由碁理《ユゴリ》
竹野比賣
比古由牟須美命《ヒコユムスミノミコト》
□内は天皇

そして、狭穂彦《サホヒコ》は殺され、狭穂姫《サホヒメ》もそれに従って死んでしまった。

という内容であるが、ここには、兄妹の恋愛があり、それが、身を滅ぼすという禁忌を述べたものと考えられる。また、一族としての絆の深さを感じ取ることができる。

しかし、ここでは平凡かもしれないが、狭穂姫《サホヒメ》が本当に愛していたのは天皇であった、と解釈したい。天皇を愛しながらも、一族の筆頭である兄にはさからえず、しかし、愛情がないわけではなかった。しかも、いったん天皇に対し、謀反の加担をした自分を狭穂姫《サホヒメ》は許されるはずもないと、また、自ら許すことができず、兄とともに死ぬ道を選んだのであったと思う。二人の男性と一人の女性の物語は、古代においては女性が死んでしまうということがよくあるようだ。『万葉集』にある「真間の手古奈《てこな》」は、美しすぎて、多くの男性から求婚され、それらが相争うのに耐えられず、また一方を選ぶことができず自殺してしまったという哀しく可憐な女性の話である。

さて、この物語の最も大きな意義は、次に推薦した后の問題である。わざわざ次に誰を后として迎えたらよいのかと、天皇が問うというのもおもしろい話だが、それに対し「丹波道主王の娘」ときっぱりと言っている。なぜか。垂仁王朝を支えられたのは、丹後王国、大丹波王国でなければ成し得なかったからだ。

垂仁天皇の皇后、后、そのほとんどが大丹波王国の出身である。私は、それをもって垂仁の王朝は大丹波王国の力が主になり、成り立っていたと解釈している。この狭穂姫《サホヒメ》の近親相姦かとも思われる古代に咲いた悲恋物語は、逆にいえば、否定できない大丹波王国の優位性を際だたせることになった恋物語なのである。

狭穂姫による皇妃推薦の謎

不思議な皇妃推薦物語

ところによっては、一夫多妻制度が今も生きている国があるが、普通一夫一妻である。ところが、日本の古代の天皇系譜を見る限り、一夫多妻である。そのもっとも著しい話が、丹後の姫が姉妹で垂仁天皇の妃となったという話である。

この狭穂姫《サホヒメ》の皇妃推薦譚での大きなポイントは、夫はお前が居なくなったら誰を妻にしたらいいのだ、と問う。それに対して前妻が自分の変わりに次に妻にすべき姫を誰々が良いと推薦するという、ちょっと普通ならばありえないようなことがあったということだ。

そして、次のポイントは、ここで、推薦されたのが丹波道主命の娘で丹後の御姫様たちであるということである。母親は川上摩須郎女《カワカミノマスノイラツメ》、実家は、今の京丹後市の久美浜町である。

さらに、姉妹全員が、一人の天皇と結婚するということで、今ならば重婚罪になる。その中でさらに皇后になるというトップレディの道を歩んだ人が日葉酢姫《ヒバスヒメ》である。

このように、普通ならありえないことが、堂々と行われたということは、何か大きな理由があったに違いない。

そこで、考えられることは、神を祀るのはその一族の女性であるということである。その神祀りをできる資格と秘術は伝統的に受け継がれてきたのではないか。

前述の、女性が神にまつわる事柄を古代から分担していることを思い出してほしい。つまり、神祭りの仕方、伝統は誰が引き継いでいるのか。祭祀をとり行えるのは誰か。それは、丹後の女性でしかないということなのだ。この皇妃推薦譚からわかること、それは、古代の祭祀を掌握していたのが、丹後、すなわち丹波系であったということなのである。

狭穂姫《サホヒメ》の皇妃推薦の逸話からは、祭祀の伝統をこの丹波系が持っており、その系譜につながる女性に神祀りが許されていたと考えられる。それを証明するかのように、さらに日葉酢姫《ヒバスヒメ》の娘である倭姫命《ヤマトヒメ》は伊勢の斎宮となり、アマテラスを祀るという大役を果たしている。古代の女性は神を祀る役割をもち、古代日本の神祀りに必要だった女性こそ、丹波道主命の系譜につながる女性たちだったのだ。

丹波系の姫たちが、何に対してひざまずいたのか。それは、神に対してである。

そして、神とは、その血脈につながる氏族の祖神なのだ。

狭穂姫《サホヒメ》による皇妃推薦により丹波道主命の娘たちがクローズアップされたのは、当時における大丹波勢力の有力性を示すことであり、古代における最も大切な祀りをする要を握っていたということなのだ。

皇后を擁立できるのは、有力な氏族であったということだ。しかも、姉妹全員というのは、垂仁天皇が、丹後の川上の豪族のもとに婿入りしていたというふうに解釈できる。つまり、主体は丹後の豪族側にあったのである。

すなわち、女性の側である母系に力があった。古代は母系社会であったのだ。古代いち早く先進技術を取り入れ、鉄を持ち、水晶加工の工房を持っていた丹後王国、すなわち大丹波王国の一族に垂仁天皇は支えられていたというのが真相ではないか。

そうすれば謎が解ける。丹後で力を持っていた一族は、大和にすでに進出していた。

この逸話の中に、姉妹の中の竹野姫《タカノヒメ》や眞砥野媛《マトノヒメ》は実家の方に返されたというが、それは醜いから返されたのではなく、丹後に必要であったからではなかろうか。

それにしても、日葉酢姫《ヒバスヒメ》という名は、なんとも気になる名前である。

『天皇と鍛冶王の伝承』畑井弘氏によれば、ヒバスヒメ（氷羽州比売命）は、氷羽《ひの》州（国）で、「日輪ノ霊」と「海ノ霊」を併せ持つ大変な名前を持った巫女王らしいと、朝鮮語からの分析をしている。

このように、古代は母系社会であったことを認識して、はじめて正しい理解に到れるのではないだろうか。

さて、丹後のお姫様は美しかっただろうか。『古事記』は「浄き公民」と記す。『日本書紀』は「志並びに貞潔し」と記す。優れた氏族に生まれた気だての良いお姫様であると言っている。

さて、女性の美しさはどこからくるのか。その最もなものは「誇り」であるとしたら、丹後の姫様たちは、太陽神の一族として光り輝く美しさを持っていただろう。

太陽神を祀る血脈、大丹波王国の日葉酢姫《ヒバスヒメ》

大丹波王国に咲いた花

丹後半島の魅力を高めるために、以前、各市町の代表的な物語性のある女性を7人選定して丹後七姫とされたことは、丹後の観光推進に大いに花を添えた。

選ばれたミス丹後ともいえるお姫さまというのが、旧峰山町代表は羽衣天女さま、伊根町や旧網野町にもかかわるのが竜宮の乙姫、ということで、のっけからさすがは、神々しい美しさというべきか。このあたりが、神仙思想、道教思想が底流する丹後らしくてさすがにいい。続いては、旧大宮町が美貌の小野小町姫を推奨すれば、旧網野町は、義経を愛した静御前、旧丹後町は、聖徳太子の母君である間人《ハシウド》皇后、旧弥栄町は毅然として信仰に生きた美しいガラシャ夫人、宮津市は、厨子王を命に代えて守った安寿姫、ということで、当時、一市十町の丹後の七姫が決定したのであった。いずれも、高貴でたおやかであり、まずまずの人選なのだが、私としては、

『日本書紀』垂仁天皇の条

垂仁天皇（活目入彦五十狭茅《イクメイリヒコイサチ》）

＝日葉酢媛《ヒバスヒメ》（皇后）

- 五十瓊敷入彦命《イニシキイリヒコ》
- 景行天皇（大足彦尊《オオタラシヒコ》）
- 大中姫命《オホナカツヒメノミコト》
- 倭姫命《ヤマトヒメノミコト》（伊勢の大神宮を祭る）
- 稚城瓊入彦命《ワカキニイリヒコノミコト》

丹波道主王《タニハノミチヌシノオウ》

＝丹波の河上の摩須郎女《マスノイラツメ》

- 日葉酢媛（皇后）
- 渟葉田瓊入媛《ヌハタニイリヒメ》（妃）
- 眞砥野媛《マトノヒメ》（妃）
- 薊瓊入媛《アザミニイリヒメ》（妃）
- 竹野媛《ヌカメヒメ》（妃）……本国に帰す

どうしても入れて欲しいと思っていた姫君がもう一人あった。それは、久美浜の川上摩須郎女《カワカミノマスノイラツメ》の娘であり、丹波道主命の娘である日葉酢姫《ヒバスヒメ》とその姉妹であった。彼女たちは、姉妹全員が垂仁天皇と結婚し、日葉酢姫《ヒバスヒメ》の子供は景行天皇になり、ふつうに考えても輝くばかりの姫様なのだ。姉妹全部を望むと数が多すぎるから、代表として、皇后になった日葉酢姫《ヒバスヒメ》を入れてほしいと思ったものだ。なにしろ、彼女こそ、丹後王国、大丹波王国に咲いた大輪の花なのだから。

太陽神を祀る一族

日本のシャーマニズムの大きな特徴は、血脈相承型だと上田正昭氏の言葉があったのを思い出す。つまり、ある日突然シャーマンになる、というよりは、卑弥呼からトヨというように、そういう、鬼道をよくする宗族あるいは部族があって、卑弥呼のようなシャーマンが生まれ、その身内などの部族がヒミコを女王に盛り立てたとなるのである。

つまり、神を祀る巫女王としての、そうした一族の血脈が代々受け継がれてきたと私は考える。日葉酢姫《ヒバスヒメ》が、先の垂仁天皇の妃であった狭穂姫《サホヒメ》に、皇后になる人物は丹波道主命の娘たちでなければならないという推薦を受けたことからもこのことを物語っている。

そうして、日葉酢姫《ヒバスヒメ》は皇后となり、姉妹は全員妃となった。そして、次の代であるヒバス姫の娘、倭姫命《ヤマトヒメノミコト》は、伊勢の斎宮となったのであった。この役割は、アマテラスを祭るという重要なものである。太陽神を祀るということができるのは、太陽神の一族、係累につながる女性、巫女王でなければならない。

『日本書紀』崇神紀に、丹波の氷上にヒカトベというシャーマンがいたことが書かれているのを思い出す。ここは、現在、合併して兵庫県丹波市となっているが、古代において、この氷上は大丹波王国の範囲であった。

このように考えると、古代の大丹波王国の海部氏の秘伝がふつふつと湧き上がってき、ひとつの線で結ばれていく。古代丹波王国が、海人族を率い、航海術にたけ、先進文化をいちはやく掌中にして、古代日本のいくつかあったであろう地域国家のなかでも、より大きな勢力を誇りリードしたに違いないことを。また、武力だけで人々の心は治まらない。すなわち、心を治めた氏族であったのだ。心を治めるためシャーマン的役割をした卑弥呼やトヨという巫女王がいて、その血脈が日葉酢姫《ヒバスヒメ》らに受け継がれてきたのではないか。

そういう伝統を秘めたところ、それが、大丹波王国なのである。

倭姫命に受け継がれる祭祀の伝統は丹後にあった

祭祀を掌握していたものは

酒を造り、それを神前に備え、神祭りをしたのは女性の役割であり、甲骨文字を見直しながら、やはり女性が古代から神祭りに携わってきたことを確認した。女性も男性も同じ人間として立派なのであるが、男女の特性は認め敬うべきであって、子を産む、という一番神秘を具現する女性こそ偉大なる神と交信する一番の適任者であったということで、素直に納得できる。

さて、お酒造りは、丹後の羽衣伝説でも酒の造り方を天女から教えてもらい、その家は富み栄えたというのが、「和奈佐夫婦《ワナサ》」の家であった。丹後には、こんなすばらしい伝説が残り、今でもその伝説の家、「天女の家」が峰山にある。

歴史の中では、開化天皇の妃に旦波の大縣主由碁理《ユゴリ》の娘、竹野姫《タカヌヒメ》がなり、垂仁天皇には、前節でふれたように、丹波道主命の姉妹たちが皇后や妃になっている。そして、もう少し、後代に下がって見てみよう。

アマテラスを祀るためにその役割を果たす、すなわち、伊勢神宮の齋宮となったのは誰か。それは倭姫命《ヤマトヒメノミコト》である。これは、どういう係累の人物かというと、『古事記』『日本書紀』から系譜をたどってみると、垂仁天皇と日葉酢姫《ヒバスヒメ》の間に生まれた娘である。丹波道主命の孫ということになる。

酒を神前に供え、神を祭るという役割、「天皇のみずのおひもをとく」役割とは、誰に託されているのか。その伝統は誰が引き継ぐことができたのか。神祭りの仕方、祭祀をとり行えるのは誰なのか。それは、丹波道主命の系譜に繋がる女性だったのうか。だ。古代の祭祀を掌握していたのが、丹後、すなわち丹波系であったのではなかろうか。

ヤマトの前史を担った大丹波王国

中国の史書である『魏志倭人伝』には、三世紀前半、鬼道に仕え、衆を惑わしたという女王ヒミコがいたことが記されている。そして、その後トヨの登場を見るのである。しかし、日本の歴史書には、彼女たちの名は明確化されていない。それはなぜだろうか。ヤマト政権にとって、彼女の位置づけはどうなっているのだろうか。

実は、このことについては、拙著『前ヤマトを創った大丹波王国』の中で、私は、「八世紀の大和朝廷の首脳部にとって、直系とはならない氏族に属していた人物で、大和朝廷が確立する以前に勢力をもっていた氏族の中の女性である。」（p１４７）と考察した。

ヤマト政権の前史を担った氏族こそ、この丹後の海部氏なのである。

このように展開すると、自ずと卑弥呼の存在も、『海部氏系図』（国宝）の中に存在するということになる。また卑弥呼の存在もこの系図のなかに求めることができるのである。

つまるところ、『古事記』『日本書紀』を見ると、古代日本の祭祀は、丹後の女性である日葉酢姫《ヒバスヒメ》からその子、倭姫命《ヤマトヒメノミコト》に継承されている。そして、中国史書に登場する倭国の女王で祭祀を行った卑弥呼とトヨもまたこの丹波の海人族、海部氏の中に見るのである。

古代の神祀りをしたのは、誰か。それは、女性であること、しかも、大丹波王国の血脈につながる女性なのだ。ならば、神とは誰なのか。祀りをする女性は、自分の祖先をこそ祖神として祀るのである。

ならば、祖神とは誰か。倭姫命《ヤマトヒメノミコト》から近い祖先に当たるのは、祖父、丹波道主命《タンバミチヌシノミコト》である。その丹波道主命の祖神とは、彦火明命《ヒコホアカリノミコト》であり、天照国照彦火明命、アマテル神である。伊勢に行った倭姫命《ヤマトヒメノミコト》は、これら、アマテル神であり、彦火明命であり、丹波道主命など、祖神を祀ったのではないか。

倭姫命《ヤマトヒメノミコト》の果たした役割は大きい。それは、伊勢にアマテラスを祀るという大役を果たした女性であるからだ。

倭姫命《ヤマトヒメノミコト》とアマテラス、そして伊勢とはどういう関わりになるのであろうか。このことについて、次に考えていきたい。

第三章　アマテル神からアマテラスに

皇祖神アマテラス

三貴神の誕生

アマテラスといえば、天皇家の祖神であり、そのため、日本の祖神であるかのような認識を多くの人が持っているのであるが、『古事記』をみても、天と地が初めて開けた時、高天原に最初に出現した神の名は、天之御中主神である。そのあとも、合わせて五人の神様が出現する。次に、国常立神《クニトコタチノカミ》と、豊雲野神《トヨクモノノカミ》であり、ここまでは、独り神である。次に五組の夫婦神が顕れるが、この五組目にやっと伊邪那岐《イザナギ》、伊邪那美《イザナミ》の神が現れる。ここまでを神世7代という。

そして、伊邪那岐《イザナギ》、伊邪那美《イザナミ》になって初めて国生みが始まるのである。

ところが、アマテラスはまだ出現しない。伊邪那岐《イザナギ》夫婦は、先に女性の伊邪那美《イザナミ》の方から「ああ、なんて素敵な男性でしょう」と声をかけたので、せっかく生まれたのは、ひるこや、淡島で、子には入れなかった、とある。今度は、男性である伊邪那岐《イザナギ》の方から、「おお、なんて素晴らしい女性よ」と声をかけて結婚したところ、淡路島を生み、四国を生み、隠岐を生み、九州を生み、壱岐を生み、対馬を生み、佐渡を生み、ヤマトを中心とした一体である大倭豊秋津島を生んだ。これが、大八島国という。一連の国生みが終わってから、今度は神を生む。海の神、大綿津見神や、水門の神、木の神や、山の神、などなどである。しかし、最後に、火の神を生んで伊邪那美《イザナミ》は死んでしまう。その後、伊邪那岐《イザナギ》は伊邪那美《イザナミ》に逢いに黄泉《よみ》の国にいく。しかし、黄泉の国で、化身した伊邪那美《イザナミ》に追いかけられ、やっとのことで黄泉の国から帰って来た。そして、伊邪那岐《イザナギ》は禊ぎをする。その時、またたくさんの神々が生まれるのであるが、伊邪那岐《イザナギ》が左の目を洗った時、天照大御神、すなわちアマテラスが誕生するのである。ちなみに、右の目を洗うと、月読命《ツクヨミノミコト》、鼻を洗うと、須佐之男命《スサノオノミコト》が生まれたのである。こうして、伊邪那岐《イザナギ》は次々にたくさんの子を生んで、その中からやっと三人の貴い子を得ることができたという。

こうして、三貴神として位置づけられた神、アマテラスには高天原を治めよ、と言ったのである。アマテラスの出現はこうして見るかぎり、順番からいっても、最後の方である。

そのアマテラスが皇祖神とされ、まるで神々の代表であるかのような位置付けがされたのは何故だろうか。

『古事記』は、壬申《じんしん》の乱に勝利し即位した天武天皇が、これまで諸氏が家々に持っている帝紀と本辞は虚偽を加えているものがはなはだ多いと聞いているので、その誤りを改めて、後世に正しく伝えなければならないとして、二十八歳の稗田阿礼に誦み習わせた。しかし、六八六年天武天皇は亡くなった。その後、持統・文武天皇を経て元明天皇の代になり、七一一年に太朝臣安万侶に、稗田阿礼が誦むところのものを選録して献上せよとされ、和銅五年（七一二年）の正月二十八日に出来上がったものである。また、『日本書紀』ができたのは、七二〇年という。言うまでもないが、八世紀にできたこの歴史書では、アマテラスは、神聖な機を織る姿も書かれ、女神として皇祖神として位置づけられている。

（独り神）
天御中主神《アメノミナカヌシノカミ》
高御産巣日神《タカミムスヒノカミ》
神御産巣日神《カミムスヒノカミ》

（独り神）
宇麻死阿斯訶備比古遅神《ウマシアシカビヒコギノカミ》
天之常立神《アメノトコタチノカミ》

（独り神）
国之常立神《クニノトコタチノカミ》
豊雲野神《トヨクモノカミ》

宇比地邇《ウヒヂニ》神
（妹）須比智邇《スヒヂニ》神

角杙《ツノグイ》神
（妹）活杙《イクグイ》神

意富斗能地《オホトノヂ》神
（妹）大斗乃辯《オオトノベ》神

淤母陀流《オモダルノ》神
（妹）阿夜訶志古泥《アヤカシコネ》神

伊邪那岐《イザナギ》神
＝
（妹）伊邪那美《イザナミ》神

国土生成

自然神の誕生

伊邪那岐

（左目から）天照大御神（高天原を治めよ）
（右目から）月讀命（夜食国を治めよ）
（鼻から）建速須佐之命（海原を治めよ）

太陽神アマテラス

太陽信仰

アマテラスが神々の代表ででもあるかのような扱いを受けるのは、やはり、その太陽神としての特性があるからだろう。

スサノオの悪しき行いにアマテラスは天の石屋戸《あまのいわやど》にこもってしまったところ、あたりが闇となり、たくさんの災いが起こった。しかし、アマテラスが、石屋戸から出てきたら、高天原も、葦原中國も照り明るくなった、とある。また、ニニギノミコトを降臨させたとき、やさかにのまがたま、鏡、クサナギノツルギを持たせたのであるが、「この鏡は、専ら、我が御魂として、吾が前を拝《いつ》くがごと、いつきまつれ」といい、鏡がアマテラスを象徴していることをあらわしている。こうしたところから、アマテラスが太陽神として位置付けをされていることがわかる。また、『日本書紀』によれば、「ここに、日神を生みます。大日孁貴ともうす。この子、光華明彩、六合《あめつち》の内に照り徹らせり」とある。

こうしたところにも、アマテラスが、日神、すなわち太陽神であることが書かれている。しかし、それでもその太陽神としての逸話の量は決して多いとはいえない。太陽信仰というものは、素朴な形で私達の暮らしの中にも生きている。

先頃、滋賀県の近江八幡市の松明祭りを見て、なるほどと思ったことがある。大きな松明をつくり、それを、最後は火で焼き五穀豊穣を祈るというものであるが、もともとは、応神天皇がこの地に来られたのを歓迎したという古い由緒がある。そのために、松明で応神天皇を迎える道を清め、それが、今も祭りの中にのどかに繰り広げられているのであるが、そのひとつは、引きずり松明というものである。松明に火を付け、燃えているものを、掛け声をかけて走り、日牟礼神社の鳥居をくぐり、一番奥の方までひきずっていくのである。この引きずる松明は、一体何を表わしているのかと聞くと、これは、船を模したものであるということだ。おそらく、応神天皇が船で上陸したのを地元の村が出迎えたという故事が祭りの中に、こうした形で残されたのであろう。そのあとには、火のついた松明を手に持った若者たちが二列に並び、かけ声に合わせて振りながら、おごそかに宮入りする。上陸地点をこの松明で知らせ、尊貴な人を迎えるために道を清めたのであろう。

また、同じく、近江八幡市の馬見岡神社の祭りも古式にのっとり行われる。ここでも、夜には松明を燃やすのであるが、ここでは、円く輪にした形のものを神社に運び、それを奪い合うような行事がある。これも不思議な行いなのであるが、これは、太陽を模したものではないかと私は思った。お火焚《た》き神事というのは、冬のころ太陽の高熱をさらに促進させようという意図があるということだが、そうすると、東近江市の太郎坊宮で毎年行われるお火焚き祭りも太陽信仰によるものと言えよう。そう考えると、松明を火で焼くことによって、太陽の恵みに感謝を添えるこうした火まつりや左義長まつりは、太陽信仰に基づくもので、日待ちの行事、朝日に向かい拍手して祈るという風習などもすべて太陽信仰の顕れであり生活の中に生きているものである。

さて、船に見立てられた松明を引きずるという風習から、古代の太陽神が、船や海に結びついていたことを思うのである。伊邪那岐《イザナギ》と伊邪那美《イザナミ》が最初に生んだ子は、「ひるこ」としてうつぼ船で流され、子の数に入れられなかったとあるが、この「ひるこ」は、「日の子」であり、太陽の子という意味があるとする。

太陽神と海洋民族

ギリシャ神話に出てくるアポロンは二輪車に駿馬をつけ軌道を駆けたのであるが、古代において太陽の運行は、船や車などの乗り物によると考えられていたようだ。また、「日の御子」である饒速日命《ニギハヤヒノミコト》が、天磐船に乗って天降りした話が『日本書紀』にある。太陽神の乗り物が船であることは、太陽信仰が海洋民族にあったことを表している。

また、朝鮮には、次のような伝説がある。

延烏郎《ヨンオラン》（＝えんうろう）と細烏女《セオニョ》という夫婦がいた。ある日、延烏郎が海で海藻をとっていると、突然魚（あるいは巌）が顕れ、日本に連れ去った。日本で延烏郎は王となった。妻、細烏女は、夫の帰りが遅いので探しにいく。そこで、巌にのると急に動き出し、細烏女も日本に着いた。そこで夫婦再会し、王妃となった。ところが、新羅では、太陽と月が突然暗くなったので、占うと、日月の精が日本に渡ったためという。二人を呼び戻すかわりに、妃の織った薄絹で天を祀ればいいと言い、そうすると日月はふたたび明るくなった。という。これなど、日神と月神が海を渡って来たようである。このように太陽神と海とのつながりは深い。

太陽と船と海といえば海洋民族である。古代の太陽信仰は、海洋民族が持っていたものだろう。

太陽神とは、まずアマテル神があって、アマテラスとなったのではないか。

アマテラスは男神か

太陽神は男神

太陽神というのは、ギリシャ神話によれば、太陽神アポロンに恋をした水のニュムペー、クリュティエーが日の出とともに彼を見つめ、彼が毎日の軌道を通って沈んでいく間見つめ続け、とうとう根が生《は》え、ひまわりになってしまった……という神話で見るように、太陽神アポロンは男性神である。そのほか世界の神話伝説をみても太陽神というものは、男性神となっている。

さて、『日本書紀』を見ると、伊邪那岐《イザナギ》と伊邪那美《イザナミ》による大八州國《おほやしまのくに》また、草木を生みおえ、そこで、天下の主を生む。ここに、日神を生みます。大日孁貴《オオヒルメノムチ》と號す。（一書に云はく、天照大神。一書に云はく、天照大日孁尊）とある。この子は、光華明彩《ひかりうるわしく》六合《あめつち》の内に照り徹らせ、これほどの霊異をもったものはいないとして、天上のことを授けたというのである。

荒々しい性格のスサノオは、天照大神が神衣《かむみそ》を織りつつ斎服殿《いみはたどの》にいるところに、天斑駒《あめのふちごま》をはぎて、投げ入れる。それに驚いた天照大神は、梭《ひ》で、身を傷つけた。これに怒ったアマテラスは、天石窟《あめのいわや》にはいり、こもってしまう。

また、一書によれば、稚日女尊、斎服殿《いみはたどの》に坐《まし》まし、神の御服を織りたまふ。そこに、スサノオノミコト見て、斑駒《ふちごま》をはぎて、なげいれる。それに驚いた稚日女尊は、機《はたもの》より落ち、梭《ひ》で、身を傷つけ、神退りましぬ。天照大神はこれに怒り、天石窟《あめのいわや》にはいり、こもってしまう。とある。同じ伝えであるが、身を傷つけたのは、天照大神が、稚日女尊となっている。

機を織り、また、その梭で傷ついたという姿からは、アマテラスが、女性としての神格を与えられていることがわかる。また、同じ逸話でありながら、天照大神は稚日女尊と表現が違うのであるが、両者が同一人物であることを示唆している。

しかし、スサノオと戦うとき「御髪を解きて、御美豆羅《みみずら》にまきて（男性の髪型に束ねて）」とあるように、武装した天照大神の姿には男性を感じさせられる。また、天照大神のことを、大日孁貴という。これについて折口信夫は、「ひるめ」というのは、「日女」「太陽女神」というよりも、「太陽神の妻」とした。

アマテルからアマテラスへ

アマテルミタマノ神、アマテル神という神を祀る神社は所々にある。松前氏は、もともとあったアマテルという神が、皇祖神アマテラスになったという。「アマテル神は、日の神、太陽神である。アマテラスというのはアマテルの敬語法にほかならない。皇祖神であるための特別な言い方」と松前健氏はいう。

日本古代の太陽信仰については、アマテル神、アマテルミタマの神という神をまつる神社が各地にある。対馬には、阿麻氏留《アマテル》神社、奈良県には、鏡作坐天照御魂《カガミツクリニマスアマテルミタマ》神社、他田坐天照御魂《オサダニマスアマテルミタマ》神社、京都府福知山市には、天照玉命《アマテルタマノミコト》神社、京都市には、木嶋坐天照御魂《コノシマニマスアマテルミタマ》神社、大阪府茨木市の新屋坐天照御魂《ニイヤニマスアマテルミタマ》神社、兵庫県には、粒坐天照《イイボニマスアマテル》神社、福岡県に天照《アマテル》神社などなどある。これらアマテル神は、海部氏尾張氏らに通じる。

海部氏の祖神彦火明命《ヒコホアカリノミコト》のまたの名にも、天照國照彦火明命《アマテルクニテルヒコホアカリノミコト》、天照御魂命《アマテルミタマノミコト》神という名があるところから、アマテルというのは、男性神格といえる。

このように、考えると、もともと太陽神として男性神格を持っていたアマテル神が、時代とともに、祀られる神から祀る神に変化したのではないだろうか。

太陽神アマテラスはもとはアマテル男神であったのだ。

アマテル神とは火明命《ホアカリノミコト》か

アマテラスの元のすがた天照国照彦天火明櫛玉饒速日命

神を祭るその伝統を受け継いでいるのは丹後の系統の女性ではないだろうか、ということを述べてきたが、それでは、それは何故だろうか。

何故、祭祀を行う女性が、丹後の女性でなければならないのか。

それでは、この祀られる側の神とは誰なのか、ということが問題である。

丹波道主命《タンバミチヌシノミコト》の子である日葉酢姫《ヒバスヒメ》たちは姉妹で垂仁天皇の皇后や妃になった。そして、日葉酢姫《ヒバスヒメ》の子である倭姫命《ヤマトヒメノミコト》は伊勢の齋宮となりアマテラスを祀った（前述）。

皇祖神アマテラスであるが、なぜアマテラスを丹後の系統の女性が祀るのか？

そこで、もう一度アマテラスそのものについて考えてみよう。もともと、アマテラスとは、イザナギが左の目を洗ったとき、アマテラスが生まれ、右目を洗ったとき、月読命《ツクヨミノミコト》、鼻を洗うと須佐之男命《スサノヲノミコト》が生まれたという三貴神の誕生で語られる神の一人であるが、このアマテラスが皇祖神となった。

天照大神と書いて、アマテラスオオミカミと読んでいるが、天照大神とは、もともと「アマテル」ではないだろうか。いつから「アマテラス」と読んだのであろうか。「天を照らす」であり、天《あま》は海《あま》でもあるが、天（＝海）を照らしている大いなる神で、太陽神をあらわしている。そう考えると、思い当たる神名がある。「アマテル神」、「天照国照彦火明命」「天照国照彦天火明櫛玉饒速日命《アマテルクニテルヒコアメノホアカリクシタマニギハヤヒノミコト》」である。

『古事記』や『日本書紀』に神武東征の物語があるが、神武がヤマトに入るまでに、すでにヤマトにいた人物のことが書かれているが、その名は「饒速日命《ニギハヤヒノミコト》」という。この饒速日命《ニギハヤヒノミコト》は神武よりも早くにヤマトに入り、このヤマトを虚空見日本国《そらみつやまとのくに》と命名した人物である。日本というネーミングは六六七年～七〇〇年天智天皇が大津宮遷都したころと考えられ、『古事記』ができたのは七一二年であるがその神代の部門に、この偉大な日本という名をつけた人を、饒速日命《ニギハヤヒノミコト》だといっているところに大きな暗示がある。この饒速日命《ニギハヤヒノミコト》こそ、またの名を火明命《ホアカリノミコト》という。すなわち、丹後の祖神である彦火明命《ヒコホアカリノミコト》なのである。

つまり、この「天照大神」のもとの姿とは何か。それは、「天照国照彦天火明櫛玉饒速日命」なのではないか。

アマテル神とは、すなわちヤマトに一番に入った饒速日命《ニギハヤヒノミコト》であり、それは、別名丹後の祖神彦火明命《ヒコホアカリノミコト》なのである。

祀られる側アマテル神

つまり、太陽神であるアマテル神（＝饒速日命《ニギハヤヒ》＝火明命《ホアカリノミコト》）は、男性神であり、「祀られる側」であり、「祀る側」が女性だった。アマテラスは、常識的に女性神として認識されている。アマテラスが女性神ならば、もしかすると、アマテラスは「祀る側」なのかもしれない。それならば、「祀られる側」は、誰か。アマテル神＝火明命《ホアカリノミコト》が「祀られる側」なのではないか。

つまり、火明命《ホアカリミコト》＝丹後の祖神を祀るのは、同じ丹後の系統につながる女性が必要だった。倭姫命《ヤマトヒメノミコト》が最初の伊勢の齋宮に選ばれたのは、丹後の系統、丹波道主命の孫娘であったからなのだ。

もう一度整理してみよう。

「天照大神」というアマテラスの原型は、「天照国照彦天火明櫛玉饒速日命」すなわち、火明命《ホアカリノミコト》という男性神であった。

それが、いつのころからか、少なくとも、『古事記』に記された時点では、すでに女性神アマテラスとなり、皇祖神となっているのである。

アマテル神、すなわち火明命《ホアカリノミコト》は、丹後の海部氏の祖神である。

丹後には、大和政権の前史をになった大丹波王国の系譜がある。古代は海から、つまり日本海沿岸から開けたのだ。言うなれば古代丹後は先進地帯だったのだ。

そして、一番大事なことは、古代は神祭りが大きな意味を持っているということだ。武力だけで人々は統治できない。人々の心を治めなければ国を統治することはできない。そして、この古代の祭祀を握っていたのが丹後、大丹波王国なのである。

アマテラスは祀る側から祀られる側に変貌

もとの形

（祀られる側）
アマテル神　（天照国照彦天火明櫛玉饒速日命）
（彦火明命）
（饒速日命）

↓　↓

（アマテル神を祀る側）
アマテラス

↓　↓

のちの形

（祀られる側）
アマテラス

第四章　元伊勢とは本伊勢なのだ

アマテラスの巡行地と、吉佐宮の優位性

さすらいのアマテラス

アマテラスが、現在の伊勢の内宮に鎮座《ちんざ》されるまで流離《さすら》ったところは、元伊勢と言われる。

『日本書紀』では、天照大神の鎮座地をもとめて、倭姫命は、「菟田の篠幡―近江―美濃」と行き、そして伊勢にたどりついたと書かれている。

『日本書紀』には、そこまでしか書かれていないけれども、『倭姫命世記』という書には、倭姫命《ヤマトヒメノミコト》が、伊勢に到るまでの巡行の地がさらに詳しく書かれている。

しかも「崇神天皇三十九年三月三日、但波之吉佐宮に遷幸して、八月十八日、瑞籬《みずかき》つくり、四年斎きまつる。さらに倭の国もとめたまえり。この年、豊宇介神天降りまして、御饗《みあえ》をたてまつる。四十三年、倭国、伊豆加志本宮にうつりて、八年斎きまつる」と書かれている。

つまり、ここには、丹波国、吉佐宮で四年、天照大神が住んだことが書かれてい

るのである。そして、その天照大神に食事を与える豊受大神《トヨウケオオカミ》が天降ったというのである。

この豊受大神《トヨウケオオカミ》は、雄略二十二年には、伊勢外宮《げくう》に鎮座することになる。

つまり、伊勢神宮の内宮に鎮座された天照大神も、外宮に鎮座する豊受大神《トヨウケオオカミ》も、ふたつともが、但波の吉佐宮に縁が深いということである。ほかにも、伊勢に鎮座されるまでには、『倭姫命世記』によれば、なんとこれだけの地を巡っているのだ。

それは、次のとおりである。

1　倭国　笠縫邑《かさぬいむら》
2　但波国　吉佐宮《よさのみや》
3　倭国　伊豆加志本宮《いつかしもとのみや》
4　木乃国　奈久佐濱宮《なくさのはまのみや》
5　吉備国　名方濱宮《なかたのはまのみや》
6　倭国　彌和乃御室嶺上宮《みわのみむろのみねのうわつみや》

7　大和国　宇多秋志野宮《うたのあきしののみや》

8　大和国　佐々波多宮《ささはたのみや》

9　伊賀國　隠市守宮《ささはたのみや》

10　伊賀国　穴穂宮《あなほのみや》

11　伊賀国　敢都美恵宮《あへつみえのみや》

12　淡海國　甲可日雲宮《こうかひくものみや》

13　淡海國　坂田宮《さかたのみや》

14　美濃國　伊久良河宮《いくらかわのみや》

15　尾張國　中嶋宮《なかしまのみや》

16　伊勢國　桑名野代宮《くわなのしろのみや》

17　伊勢国　奈具波志忍山宮《なくわしおしやまのみや》

18　伊勢国　阿佐加藤方片樋宮《あさかのふちかたひのみや》

19　伊勢国　飯野高宮《いいののたかのみや》

20　伊勢国　佐々牟江宮《ささむえのみや》
21　伊勢国　伊蘇宮《いそのみや》
22　伊勢国　大河乃瀧原宮《おおかわのたきはらのみや》
23　伊勢国　矢田宮《やたのみや》
24　伊勢国　家田田上宮《いえたのたかみのみや》
25　伊勢国　五十鈴宮《いすずのみや》

このように、二十四ヶ所めぐって、二十五ヶ所目にやっと伊勢の五十鈴宮についたのだから、厳密に言えば元伊勢は二十四ヶ所存在するということになる。

丹波の吉佐宮

しかし、そうしたなかで、ほかの元伊勢の地に対し、丹波の国の吉佐宮というところは、特別の意味があるように思われる。

そのことを考えて見よう。

1　アマテラスの巡行の順番であるが、一番の倭の笠縫邑は、大和国の中であるが、2番目には、突然遠く離れた丹波の吉佐宮にきている。

2　倭の笠縫邑は、豊耜入姫命《トヨスキイリヒメノミコト》という倭姫命《ヤマトヒメノミコト》の前の斎王が任務に就いていたときの地であるが、それを除くと一番最初である。

3　しかも、吉佐宮で四年間アマテラスを祀っている。

4　そこで、アマテラスに食事を奉ったのが、豊受大神《トヨウケオオカミ》である。

5　伊勢神宮には内宮と外宮の二つがあるが、アマテラスが、御饌津《みけつ》神としての豊受大神《トヨウケオオカミ》を必要として伊勢に呼び寄せたという説明になっている。

6　アマテラスを伊勢の五十鈴宮に祀った斉王というのが、倭姫《ヤマトヒメ》命である。

ここまで考えてみると、「アマテラスの二番目の巡行地が吉佐宮」ということ以上に、「アマテラスを祀ったのが倭姫命《ヤマトヒメノミコト》」であり、「豊受大神をも祀ったのが倭姫命《ヤマトヒメノミコト》」である、ということが、クローズアップされなければならないと思えてくる。どうも、倭姫命《ヤマトヒメノミコト》という人物がこの伊勢神宮にかかわる鍵を握っていると思われる。

丹後の血脈に生まれた倭姫命《ヤマトヒメノミコト》

斎王の資格

伊勢の斎王となるのは、代々、天皇家の未婚の娘ということになっている。

いままでには、こんな人物が斎王となっている。

崇神天皇の時にはその娘豊鍬入姫命《トヨスキイリヒメノミコト》、垂仁天皇の時は、その娘倭姫命《ヤマトヒメノミコト》、景行天皇の時には、倭姫命と、景行天皇の娘である五百野皇女、雄略天皇の時には、その天皇の娘栲幡《タクハタ》皇女、継体天皇の時は、その娘荳角《ササゲ》皇女、欽明天皇の時はその娘、磐隈《イワクマ》皇女、敏達天皇の時には、その娘、菟道《うじ》皇女となっている。こうしたことから、天皇と斎王との関係というのは、非常に密接であったことがわかる。

斎王についてはこんな話がある。

崇神天皇の時である。宮中で天照大神と倭大国魂命を一緒に祀っていたところ、良くないことばかりが起きた。これではいけないというので、天照大神を豊鍬入姫命が、倭笠縫邑で祭った。また、倭大国魂命は、渟名城入姫命《ヌナキイリヒメノミコト》が祀ったのだが、こちらは、体調を崩し祭ることができなかった。そこで、大物主大神の祭主として大田田根子《オオタタネコ》を探しだし、倭大國魂命の祭主として市磯長尾市《イチシナガオチ》にさせたところ天下が治まったというのである。

そうしたことがあって、長い間、天照大神を祀ってきた豊耜入姫命が年老いたので、それに代わって登場したのが倭姫命《ヤマトヒメノミコト》である。渟名城入姫命《ヌナキイリヒメノミコト》が祀ることができずに、大田田根子《オオタタネコ》を探し出したという逸話から学ぶことはほかでもない。神を祀るということは、その祀る神の係累、すなわち、その一族につながる人物でなければいけない、ということなのである。

伊勢神宮で、祀る人とは、倭姫命《ヤマトヒメノミコト》である。倭姫命《ヤマトヒメノミコト》は、誰を祀ったのだろうか。アマテラスを祀ったならば、アマテラスとは、倭姫命《ヤマトヒメノミコト》の係累につながる神にちがいない。

倭姫命《ヤマトヒメノミコト》の血脈

それでは、倭姫命《ヤマトヒメノミコト》とは、その正体とは、いったい何なのだろうか。

古代の系図を作ってみると、丹波系の姫には、開化天皇の妃になった竹野姫《タカノヒメ》、垂仁天皇の皇后となった日葉酢姫《ヒバスヒメ》、また、妃となった日葉酢姫の姉妹たちがいる。したがって、アマテラスを祭った倭姫命《ヤマトヒメノミコト》も、丹波系の御姫様であり、あの古代の英雄として名を知られる日本武尊《ヤマトタケルノミコト》も、倭姫命《ヤマトヒメノミコト》が叔母に当たるということで、丹波系の血脈は皇室の系譜と共に考えなくてはならない。

それでは、倭姫命《ヤマトヒメノミコト》とはいかなる人物なのか。

1　この倭姫命《ヤマトヒメノミコト》は、垂仁天皇と日葉酢姫《ヒバスヒメ》の間にできた姫であるが、日葉酢姫《ヒバスヒメ》というのは、丹波道主命の娘である。すなわち、丹波系の血脈につながる皇女である。

2　丹波道主命は、丹波系の象徴的人物である。彼が祀ったのは、丹波系の祖神となる。そう考えると、ここで、丹後の祖神豊受大神《トヨウケオオカミ》が浮かぶ。

ざっと、このように考えてみると、倭姫命《ヤマトヒメノミコト》をはさんで、伊勢神宮と丹波とはとても密接な関係があるということがわかる。

伊勢神宮を創祀する中心的役割を果たした倭姫命《ヤマトヒメノミコト》が、前述のごとく大きな鍵を握っているということがわかる。

アマテラスに豊受大神《トヨウケオオカミ》がなぜ必要だったのか。ということを解くためには、いくつかの階段を順を追って踏まなければならない。

なぜ、アマテラスは御饌津神として豊受大神《トヨウケオオカミ》を必要としたのか。

それは、このアマテラスを祀った倭姫命《ヤマトヒメノミコト》、ここに究極の秘密がある。

アマテラスが伊勢に鎮座するに至ったという、いわば伊勢神宮の創祀ということに中心的役割を果たした人物とは重ねて言うが倭姫命《ヤマトヒメノミコト》である。

皇室の祖神を祀るから、皇室に生まれた皇女が選ばれたのだ。アマテラス、豊受大神《トヨウケオオカミ》を祀るからその氏族の姫が選ばれたのである。

元伊勢、吉佐宮とは、本伊勢なのだ

元伊勢
伊勢に詣《まい》らば　元伊勢《もといせ》詣れ
元伊勢　お伊勢のふるさとじゃ
伊勢の神風《かみかぜ》　海山《うみやま》越えて
天の橋立吹き渡る

丹後に残る民謡である。伊勢神宮に詣ったならば、さらにそのふるさとである天の橋立の元伊勢に詣りなさい、というものである。

なぜ、丹後が元伊勢といわれるのか。

それは、伊勢神宮に祭られる皇祖神であるアマテラスが、今の伊勢の場所に鎮座されるまで居たところが、丹後国吉佐宮《よさのみや》であると、『倭姫命世記』に書かれているからだ。

それと、もうひとつ。伊勢神宮には、内宮と外宮とがある。内宮に天照大神が祀られているのであるが、外宮には豊受大神《トヨウケオオカミ》が祀られている。

この外宮の神、豊受大神《トヨウケオオカミ》は丹後一帯に祀られている、いわば、丹後の国の祖神とも言える神であるのだが、雄略天皇二十二年（四七八年）にこの豊受大神《トヨウケオオカミ》を、丹後国から伊勢外宮に遷座されたことは、『倭姫命世記』に書かれている。

どうして、丹後から、そんなに遠いところまで、この二柱の神は行かねばならなかったのだろうか。どうして、伊勢だったのだろうか。しかも、たくさんの神々がおられるというのに、なぜ、伊勢には、天照大神であり、豊受大神でなければならなかったのだろうか。

さまざまな疑問が出てくる。

さらに、「元伊勢」などという表現をするのはなぜだろうか。

そもそも元伊勢とは何をいうのか。

元伊勢とは、伊勢神宮成立までに天照大神が祀られていたところをいう。

それでは、天照大神が伊勢で祀られたのはいつか。『日本書紀』の中から伊勢神宮の創祀の時期をみてみよう。

『日本書紀』を見てみると、垂仁二十五年三月、「天照大神を豊耜入姫命より離ちまつりて、倭姫命に託けたまふ。ここに倭姫命、大神を鎮座《しづめま》させむ處《ところ》を求《ま》ぎて、菟田のささはたに詣《いた》る。また、還りて、近江国に入り、東の美濃をめぐりて、伊勢国に到りたまふ」

「時に、天照大神、倭姫命におしえて曰く、この神風の伊勢国は、常世之浪の重浪《しきなみ》帰《よ》する国なり。傍国《かたくに》の可怜國《うましくに》なり。この国に居らむと欲《おも》ふとのたまふ。かれ、大神の教えのままに、その祠《やしろ》を伊勢國に立てたまふ。よりて、斎宮を五十鈴の川上に興《た》つ。これを、磯宮といふ。すなわち、天照大神の始めて天より降ります處なり」

このように、伊勢に建てられた「その祠」こそ伊勢の内宮（三重県伊勢市）のことであるという。

本伊勢、吉佐宮

「元」というのは、物事のはじめである。伊勢神宮は今では、皇祖神を祀る神社として、有名であるが、もともとは丹後に鎮まっておられた神であったのだということを、言い残したい、言い伝えたいという意志がこの言葉からみて取れるのである。しかも、内宮と外宮とふたつあり、そのいずれもが、丹後に元いた神である。だから、元伊勢といわなければならない。このことは、忘れてはいけない大変大事なことなのだ。なにしろ、「元」なのだから。

と、ここまで思考して、私は、本当に言いたいことが、もうひとつあるということに気がついた。それは、天照大神と豊受大神《トヨウケオオカミ》のかかわりに関することで、最も重要なことが封印されているということだ。これゆえに、元伊勢なのだということが。そして、「本」とは、根本であり、基本であり、基盤であることを表す。丹波国吉佐宮は元伊勢であり、その基盤がここにあるという意味で「本伊勢」であると申し上げたい。そして、丹波国吉佐宮こそ本当の元伊勢=本伊勢なのだ。

なぜ伊勢にアマテラスは祀られたのか

なぜ伊勢神宮となったのか

伊勢神宮には、アマテラスが祀られており、皇室の祖神だというが、皇室が参拝されるようになったのは、明治二年（一八六九年）三月十二日以降であるという。その理由は、アマテラスの御霊代である神鏡をまつる賢所が宮中にあるため、そこに参拝していたからであるという。しかし、それにしても、なにか心にひっかかるものがある。

伊勢神宮とは何か。アマテラスという皇室の祖神とのかかわりを見ながらよく考えてみなければならない。

『日本書紀』によれば、垂仁天皇二十五年に、倭姫命《ヤマトヒメノミコト》に天照大神を託し笠縫邑から伊勢国の五十鈴川上に斎宮をたて、ここに、アマテラスが天降ったところとした。これは磯宮である。また、一書として、垂仁二十六年に伊勢国渡遇宮《わたらいのみや》に遷し祀っている。

直木孝次郎氏によれば、伊勢神宮は、もとは日の神を祭る伊勢の地方神であり、皇室の東国発展に伴い、雄略朝から皇室と関係したとし、皇室の神となったのは、天武天皇が壬申の乱（六七二年）に伊勢の神に祈願をし、勝利をしてからであるとする。

岡田精司氏によれば、度会《わたらい》は太陽信仰の聖地で、度会氏が太陽神を祭っていたが、雄略朝に、天皇の神が祭られることになり、従来の度会氏の神は、その御饌津《みけつ》神と変わり、外宮のトヨウケヒメとなった、とする。（『日本古典文学大系』の注より）

また、津田左右吉氏によると、日神の末裔、日の御子が国土を統治するという理念にもとづき、六世紀ころの大和朝廷で、机上に作成した架空の神であり、民間信仰ともなんらの関係もないが、もともと太陽崇拝の地であった伊勢と結びつけられ、崇神・垂仁朝の伊勢遷幸と鎮座伝承が作られたのだとする。

丸山二郎氏は、伊勢神宮はもともと皇室と関係のない伊勢の地方神であり、この地が大和朝廷の東方発展の拠点とされたことや、大和の東方に当たるために、日の神の霊地と考えられていたことにより、皇室と特別な関係を生じ、これが、六世紀後半以降に皇祖神アマテラスと同一視されたと説いている。

いずれにしても、皇室の祖神アマテラスが伊勢に祀られるということは一大事であるにもかかわらず、『日本書紀』には記しているものの、『古事記』には、明確な記述がないことは不思議である。

はじめは伊勢の地方神であった。それが、皇室の神を祀る伊勢神宮になったのは、そこになにか要因があるはずである。

伊勢の地方神が皇室の神になるには、それまでに日本のこころの支柱をこの地に持ってこなければならない。そこで、アマテラスだけでなく、外宮に遷された神、豊受大神《トヨウケオオカミ》とともに考えると糸口が掴めるかもしれない。豊受大神は、海部氏すなわち大丹波王国の祖神であり、雄略二十二年に伊勢に遷された。

アマテラスと豊受大神《トヨウケオオカミ》が伊勢に祀られた。祀ったのは、丹後に血脈をもつ倭姫命《ヤマトヒメノミコト》である。

丹後は、元伊勢である。そして、近江に伊勢（守山市）という地がある。ということで、伊勢神宮が一本のレイラインで結ばれる。

伊勢神宮の外宮先祭を解く鍵は丹後に

内宮外宮の元宮とは

伊勢神宮には、内宮《ないくう》と外宮《げくう》がある。伝承によると、伊勢神宮の内宮は、一般に垂仁二十六年に創建されたと言い、外宮は雄略二十二年である。内と外という語感から受けるイメージもさることながら、外宮のほうが後でできたということであるにもかかわらず、不思議なことに外宮先祭という慣習が残っている。つまり、お参りするときは、まず、外宮に参って、次に内宮に参るということである。重要な祀りごとはすべて外宮から始められるという。なぜだろうか。

しかも、内宮は、皇大神宮といい、皇祖神である天照大神を祀っており、外宮は、豊受大神宮といい、豊受大神を祀っているのであるが、一般認識として、この豊受大神は、天照大神に食事を準備する神、と言われる。

この認識だけにたつならば、どうして、皇祖神たる天照大神が鎮座します内宮を後にして、食事を司る神のいます外宮を先に参るのか合点がいかない。ここには、何かとても大事なことが秘められているに違いない。

そもそも、天照大神が流浪の旅に出たとき、大和から伊勢に落ち着くまでに二十五カ所巡ったわけであるが、真っ先に丹波の国の吉佐宮に遷幸《せんこう》している。それは崇神三十九年のことである。そこで、四年間奉斎されるのであるが、このとき、豊受大神が御饗《みあえ》を奉った、というのである。豊受大神は、丹後の各地で祀られており、いわば丹後の祖神である（前述）。

また、もうひとつ大事なことは、『止由気宮儀式帳《とゆけみやぎしきちょう》』には、雄略天皇の時、天皇の夢に天照大神があらわれ、丹波国の比沼の真奈井にいます等由気大神《トユケオオカミ》を迎えるよう告げたことが書かれていることである。

つまり、雄略二十二年（四七八年）の時に、丹後の神であった豊受大神は、伊勢の外宮に遷されたのであった。

丹後には元伊勢伝承がのこる。伊勢にまいらば、元伊勢まいれ〜と謡《うた》われるように、丹後の吉佐宮は、伊勢の内宮にとっても元伊勢であり、伊勢の外宮にとっても元伊勢であると言えるのである。

内宮と外宮の元宮こそ丹波の吉佐宮であり、この吉佐宮の比定地として籠神社の奥宮、眞名井神社がある。

外宮が尊ばれるのはなぜか

さて、問題は、なぜ外宮が尊ばれるのかということである。

そこで考えるべきことは、天照大神とは何か、豊受大神のご神格とは何か、ということである。

天照大神は皇祖神であるが、豊受大神は、天照大神が生まれるよりも、もっと以前の神であり、もっと根源の神である、ということなのだ。豊受大神は、『古事記』を見ると、登由宇気神として出てくるが、「これは、外宮の度相《わたらい》に坐《いま》す神なり。」とあるだけである。しかし、それがどういう神か記されていない。日本の歴史書とはいえ、大和朝廷の作った書であり、すべての氏族の伝承が残されているわけではない。むしろ、隠された部分が多いと言えるだろう。隠されただけではない。中には、逆さまになった事柄もあるだろう。そう、様々なことが逆さまにされたのだ。

この天照大神でも、日神として、女性とされているが、もとは、アマテル神で男性神であり、その神を祀る巫女がアマテラスだった。豊受大神でも、食物を司る神として、また、天女が豊宇賀能女命《トヨウカノメミコト》という神になったという天女伝説との混淆から女性神のようにみられているが、これとは区別しておかなければならない。

『元伊勢の秘宝と国宝海部氏系図』には、元伊勢籠神社御由緒略記として、奥宮、眞名井神社にある磐座《いわくら》の主座は豊受大神で、またの名を天御中主神、国常立尊であり、宇宙根源の大元霊神で、五穀農耕の祖神であり、また、水の徳が顕著で生命を守られるとある。

また、同じく磐座西座には、天照大神、伊邪那岐《イザナギ》大神、伊邪那美《イザナミ》大神とある。

豊受大神とは、宇宙の本源である天御中主神であり、大元神であり、宇宙の最高神であると言うのである。

そうなのだ。わざわざ天照大神が、大和から遠い丹後の国に一番先に巡ってきたのも、丹後の祖神豊受大神が伊勢に遷宮されたのも、そして、豊受大神が祀られる外宮が先祭されるのも、だからなのだ。

古代の人々は、神がいます場所として、聖なる岩や木を崇拝した。その磐座には神が宿った。古代いち早く先進文化を取り入れた日本海沿岸で、航海技術を持ち天文知識を持ち、あらゆる技術や文化を持った氏族の心を支えた神は、彼らにとって最高の神であり、それが豊受大神であったのだ。そして、その神は四七八年伊勢に遷宮されたのであった。

さらに、この外宮先祭には、もっともっと大変な意味があるのだ。

大元の神　トヨウケ大神

丹後の祖神　豊受大神

豊受大神は、『丹後風土記残缺《ざんけつ》』に、「往昔、豊宇気大神が当国のいざなご嶽に天くだられた時に、天道日女命《アメノミチヒメノミコト》が大神に五穀および桑蚕等の種を求められた。そこで、豊宇気大神は、この嶽に眞名井を掘り、その水をそそいで、田畑を作り、種を植えられた。秋には八握りもある穂がたれて、実に快かった。豊宇気大神はこれをみて大変歓喜され、立派にみのった良い田庭《たにわ》であると詔《みことのり》され、また再び高天原に登られた。故に、田庭という。丹波、旦波、但波の文字は皆たにわの訓である。」とあるように、この丹波、丹後にとって、この名前の名付け親であり、真名井を掘って水をもたらし、農業生産のための種をもたらしたという大神である。それゆえに、丹後の各地で豊受大神は祭られている。

また、アマテラスが丹波の吉佐宮に遷られてきたときに、そのアマテラスに食物を捧げたという。そして、雄略天皇二十二年（四七八年）に、伊勢神宮の外宮に遷宮され、豊受大神として祀られるのである。丹波丹後の大元の大神でありながら、伊勢外宮に遷宮となったという豊受大神である。

これに関連して、丹後には羽衣伝説がある。ここでは、天女が降り立ち、そのうちの一人が衣をワナサ老夫婦に奪われ、天に帰ることができなくなり、そのまま老夫婦の子供として暮らす。天女は万病に効くお酒をつくり、その家は富栄えるのだが、ある日老夫婦から追放される。それから天女は各地をさすらい、やっと奈具の地に至る。そして、豊宇賀能売命《トヨウカノメノミコト》として祭られた、という伝承がある。ここでは、豊受大神《トヨウケオオカミ》ではなく、豊宇賀能女命《トヨウカノメミコト》となっている違いがある。同神ではないが、その系列につながる神であろう。

また、丹後にはこんな伝承も残っている。豊受大神が天降った「伊去奈子山《いさなご》」には、いろいろな名前がある。「比治山」「まない山」「足占山《あしうらやま》」といい、一山四名をもつ神の山である。ここで、なぜ「足占山」というのかというと、天香語山命《アメノカゴヤマノミコト》と天道姫命が一緒に豊受大神を祀るためお供え物をつくろうとすると、井水がたちまち変わって炊けず、そこで天道姫命は葦を抜いて大神の心を占って、他の土地に霊水を求めたから、葦占山が「足占山」になったという説がある。また、豊受大神が出て行ったあと、大神を慕いその行方を占ったことから足占山というという説もある。地元には様々な形で豊受大神が生きているのだ。

消された豊受大神

ところが、皇室の祖神であるアマテラスがこの豊受大神を伊勢にまで呼びよせ、外宮に祀らねばならない神であるというのに、『古事記』や『日本書紀』にはこの豊受大神《トヨウケオオカミ》のことが載せられていない。わずか一行、『古事記』に「次に登由宇気神《とようけのかみ》、此は外宮の度相《わたらひ》にます神なり。」とあるだけである。もちろん、伊勢外宮に祀られるという一大事が起きているにもかかわらず、そのことについて『古事記』も『日本書紀』も沈黙している。この丹波丹後の大元の大神の存在は故意に隠されたのであろうか。

トヨウケ大神とアマテラスに秘められた謎

豊受大神と天照大神の遷宮の時期

豊受大神は、丹後に広くにわたる神社に祀られており、まさしく、丹後の祖神である。その神が雄略二十二年に伊勢に遷宮されたこと、また、アマテラスは、大和から一番に丹後の吉佐宮に来て四年間豊受大神とアマテラスが一緒に祀られたということ、こうしたことには、何か、重大な秘密が隠されているのではないか、という思いがぬぐい切れない。

そこで、伊勢神宮の外宮を先に詣るという慣習は一体どういうわけかを探求してきた。

①アマテラスはもともとアマテル神という男神であること
②その神を祀ったのは、丹後の系統の血を引く子女で、丹波道主命の孫である倭姫命である。
③丹後の祖神豊受大神の神格が重大であること、すなわち、宇宙の根源である天御中主命であり、最高神であること
④従って、『日本書紀』が伝える豊受大神《トヨウケオオカミ》は、アマテラスの食事を準備する神、となっているが、とてもそのような安易なご神格ではないということである。

そして、さらに、申し上げたい。そこにはもっと大事な意味があるのだというこ

とを……。おそらく、このことは、古代史をひっくり返してしまうほどの衝撃となることだろう。では、それはいったいどういうことなのか。

『古事記』『日本書紀』にしてみると、豊受大神《トヨウケオオカミ》はあくまでも、アマテラスに食物を奉るという役割をもつ御饌津神《みけつ》である。豊受大神《トヨウケオオカミ》が雄略二十二年に伊勢に遷宮された目的は、あくまでも、御饌津神としての豊受大神《トヨウケオオカミ》である。そうすると、それまで、アマテラスの食物は一体どうしていたのか……、ということになる。垂仁朝から雄略朝まで、『日本書紀』年代でみると、垂仁二十六年は、紀元前四年、雄略二十二年は、西暦四七八年であるから、その間四八一年もの間がある。約四八〇年もの長い間離ればなれになっていて、今更食事がままならないから、豊受大神《トヨウケオオカミ》を呼び寄せたというのはちょっと無理な話である。それほどアマテラスにとって必要な神ならば、もっと早くにそばに呼び寄せたと考える方が自然だ。ならば、ここでも、実は逆さまなのではないか。アマテラスの伊勢の内宮の鎮座は、一般に垂仁二十六年と言われている。ここに問題があるのではないか。

伊勢の内宮の始まりを古い昔にするために、内宮の創始期日が繰り上げられたのではないだろうか。

ほんとうは、豊受大神《トヨウケオオカミ》の遷宮のときに、アマテラスもともに遷宮されたのではないか。

すなわち、実年代では、外宮の遷座をもって、伊勢の遷座と言うべきではないか。

というようなことを述べる以上は、豊受大神《トヨウケオオカミ》とともにアマテラスが遷ったのだ、ということの証明が必要であろう。

そのことを、さらに述べていきたい。

第五章　卑弥呼とトヨとアマテラス

日本の歴史書における卑弥呼の存在

日本の歴史書が書かない卑弥呼とトヨ

日本の歴史に華々しく登場する女性として第一等に挙げられるのは卑弥呼であろう。また、それを引き継いだトヨ（台与）という女性がいたことは記憶に深い。これは、西晋の陳寿（二三三～二九七）が『魏志』東夷伝倭人の条、すなわち、『魏志倭人伝』にはっきりと記されているからだ。

そこには、「一女子をたてて王となす。名付けて卑弥呼という」とあるように、乱れていた倭国であったが、卑弥呼の登場によって治まったことが書かれている。また、鬼道を行ったとか、年は長大であるが、夫婿はなく、男弟が補佐して國を治めているとか、婢千人をはべらせているとか、男子一人が、食事を給し居所に出入りしていると書かれている。これは、『日本書紀』の神功摂政三十九年太歳己未、中国の景初三年、西暦では二三九年、倭の女王卑弥呼は、大夫難升米を遣わし、朝献させてもらうことを求めた。そして、親魏倭王となされ、金印を与えられた。また、数々の織物や真珠などをいただいた。貴重な織物などは長い年月がたった現在は残されていないが、その中の銅鏡百枚は、いまもって、発掘されるたびに、これが卑弥呼のいただいた鏡ではないかと話題になる。いずれにしても、三世紀初頭、卑弥呼という女性が活躍していたことがわかるのである。

正始九年（二四八年）に卑弥呼が死に、さらに男王をたてたが国中が不服に満ち、このときも千余人殺し合ったというから相当激しい戦争があったのだろう。そのあと宗女トヨ（壱与・台与）が十三歳で王になり、国を平定したとある。

三世紀の初頭に国を治めた卑弥呼とトヨ、この二人の女性の存在が、外国の史書に載せられている。にもかかわらず、我が国の史書『古事記』には出てこない。『日本書紀』には、神功皇后のところに「魏志に云う」として、小さく注釈として申し訳のように出てくる。

これほど、海外の史書にも名を馳せた人物が、当事国の歴史に出てこないとは、おかしな話である。どうしてこのようなことが起きるのであろうか。

前ヤマトに君臨した卑弥呼とトヨ

これを解くには、ほかの資料を探してみる必要がありそうだ。

そこで、『海部氏系図』『海部氏勘注系図』をひもとくことにしてみた。そうすると、それに該当すると考えられる人物の名前が系図上にあった。それは、「日女命《ヒメノミコト》」という記述である。

一番の疑問は、やはり、八世紀に編纂された『古事記』『日本書紀』が三世紀ころ存在し、海外にも名をはせた女王卑弥呼とトヨの存在にふれていないことにある。陳寿《ちんじゅ》（二三三〜二九七年）の記録に卑弥呼とトヨがいたことは大和政権にはわかっていたにもかかわらず、本当に歴史家の使命と良心に従って筆をとるなら、もっと詳細に記録するべきであるし、結果、整合性を生じるのは当然のことである。しかし、事実は全く情報が残されていない。卑弥呼と争ったのは誰か、どういう闘いになったのか、その墓はどれか、あまりに寡黙でありすぎる。

私からみれば、本来、四世紀に分類され、その存在が疑問視される神功皇后を、三世紀に確実に存在したとするために卑弥呼のことを書き留めた、ただそのことのためにだけ利用したとしか思えないのだ。

卑弥呼は一国の女王である。しかも、魏と友好し、「魏国家があなた（卑弥呼）をいとしく思っていることを知らせよ、そのために、あなたの好物を賜うのである」と言わしめて、織物や、銅鏡や真珠などいただいているのである。

八世紀の大和政権が、まことに、卑弥呼が己の先祖にあたる女王であったならば、当然『魏志倭人伝』とも整合した記録を残したであろう。力の入った筆裁きで誇らしくその生涯と事蹟にふれたに違いない。しかし、そうした記録はない。ということは、どういうことが考えられるのだろうか。卑弥呼は八世紀の大和政権の先祖に当たらない、それ以前にヤマトに君臨した一族の女王だったのだ。

『日本書紀』の中の卑弥呼の存在から浮かび上がる紀年のトリック

『日本書紀』の紀年のトリック

中国の史書が卑弥呼の活躍ぶりを記しているのに、『古事記』は一行も書かれていない。『日本書紀』は、神功皇后紀のところに、注釈として簡単にふれているだけである。この『日本書紀』の書きようから三つのことがわかる。

ひとつは、卑弥呼とは神功皇后のことだと言いたかったことである。

そして、もうひとつは、神功皇后＝卑弥呼であると言うことによって、神功皇后が3世紀に存在したと思わせた、すなわち、紀年の引き延ばしに一役買ったということである。

そしてもうひとつは、卑弥呼女王が皇室の直系であることを主張しようとしたのである。

『日本書紀』神功皇后紀には次のようにある。

神功摂政三十九年。己未。魏志に云はく、明帝の景初の三年の六月、倭の女王、大夫難斗米等を遣わして、郡に詣りて、天子に詣らむことを求めて朝献す。

神功摂政四十年。魏志に云はく、正始の元年に、建忠校尉梯儁等を遣わして、詔書印綬を奉りて、倭国に詣らしむ。

神功摂政四十三年。魏志に云はく、正始四年、倭王また、使い大夫伊聲者掖邪狗《いせきえきやく》等八人を遣わして上献す。

このように『魏志』をわざわざ引用しているところに重きをおいて推察すると、
神功摂政三十九年は、景初三年、すなわち二三九年である。
神功摂政四十年は、正始元年、すなわち二四〇年である。
神功摂政四十三年は、正始四年、すなわち二四三年である。
となる。しかし、これは誤りであると言えよう。

神功皇后は卑弥呼ではない

『日本書紀』の紀年は、辛酉の年には革命が起こるという讖緯説によるということと、干支の組み合わせによって、一運分が六十年、を「一元」として、二十一元つまり、

21×60年＝1260年間を「一蔀《ぼう》」とし、大きな変化が起こるということを取り入れた。そこで、推古九年（六〇一年）の辛酉の年から、一蔀（千二百六十年）を引いたのが、辛酉の年である紀元前六六〇年で、この年を神武元年であるとされたのである。

こうして、紀年は故意に引き延ばされているので、正しい年代を割り出す必要がある。

そこで、外国の事情が書かれている部分を取り出し、検証をしてみることにする。

①神功摂政四十七年、百済の王、久氏、彌州流・莫古を遣わして、朝貢《みつぎたて》らしむ

↓↓↓『日本書紀』の紀年にしたがえば、二四七年となるが、実際は、『百済記』に基づけば、三六七年となる。

②神功摂政五十五年に、百済の近肖古王、薨《みう》せぬ。

↓↓↓『日本書紀』の紀年にしたがえば二五五年だが、『三国史記』に近肖古王三十年（乙亥年、三七五年）の冬十一月王薨とあり、正しくは三七五年である。

③神功摂政五十六年に、百済の王子貴須、立ちて王となる。

↓↓↓『日本書紀』の紀年にしたがえば、二五六年だが、実際は、三七六年となる。

④神功摂政六十四年に、百済国の貴須王薨りぬ。王子枕流王《とむるおう》、立ちて王となる。

↓↓↓『日本書紀』の紀年にしたがえば二六四年だが、『三国史記』に近仇首王十年（三八四年）に王薨去とある。

⑤神功摂政六十五年。百済の枕流王薨りぬ。王子阿花年少し。叔父辰斯、奪い立ちて王となる。↓↓↓『日本書紀』の紀年にしたがえば、二六五年だが、『三国史記』に枕流王二年（三八五年）王薨去とある。

このように、『日本書紀』の紀年による年代と事実年代には、一二〇年の差があることがわかる。

またこのことは、応神紀三年でも、「百済の阿花を王として」とあるが、『日本書紀』の紀年による年代では二七二年となるが、阿花王の即位は三九二年壬辰である。したがって、ここでも、一二〇年繰り上げられて『日本書紀』は造作されている。

このように、『日本書紀』年代は実際には一二〇年の繰り上げが行われている。したがって、神功皇后の存在自体も造作されたものと思えるのであるが、百歩を譲って神功皇后が存在したとすれば、それは四世紀のことであって、卑弥呼やトヨが活躍した三世紀とでは年代が合わない。ここでは、一二〇年もごまかされているのである。


神功摂政紀は、神功摂政元年から始まり、六十九年までとなっている。魏志の紀年を参考にしたとき、すなわち、神功摂政三十九年＝二三九年を基準にすると、神功摂政元年は、二〇一年となり、神功摂政六十九年は、中国の史書を参考にして、神功摂政六十五年＝三八五年を基準にすると、三八九年となる。つまり、神功摂政紀は二〇一年から三八九年までとなり、この間が、一八九年間あることになる。『日本書紀』の紀年は部分によっては一二〇年繰り上げられているということ、また、もしも、神功摂政紀が造作されたものだとしたら、その誤差が前記のごとく一八〇年以上ある場合も生じるということだ。

また、天皇一代一代の暦年になっているため、一元六十年という観念で、干支を同じにして操作するという方法がとられているように思う。つまり、繰り上げられたりするのは、一元六十年の倍数、つまり、二元で百二十年、三元で百八十年、五元で三百年というようなパターンによると思われる。

『日本書紀』の編者たちは、神功皇后を卑弥呼に仕立て上げたかったが、そうはできなかった。

それでは、卑弥呼は、トヨは、一体どこに行ったのだろうか。

トヨが十三歳で女王となったのを基準年として考える

十三歳の女王トヨ

卑弥呼という存在があまりにも印象に強く、ともすれば、次に女王になったというトヨの存在を忘れがちになる。しかし、よく考えてみると、トヨほど存在がはっきりしている人物はいない。なぜなら、『魏志倭人伝』には、次のように書かれている。

①卑弥呼の宗女であること。
②卑弥呼が死んだのが、二四八年戊辰の年。
③その後、男王が立ったが治まらなかったので、十三歳のトヨが女王になって治まった。

宗女とはどういう意味か。『大漢和辞典』によると、「宗女とは、同宗の女。王女」とある。「宗族」を「父の一族」または、「一族」とある。また、「宗姓」とは「王族、一族」をいう。「宗人」とは、「同族の人、一族」をいう。「宗子」は、「本家を嗣ぐ子、嫡長子、同族の子」をいう。

「宗」という字には、「① 祖先の廟屋、② 祭祀・礼儀を司る官、③ 宗《むね》として、崇める人物。④ 始祖の適長子」などの意味がある。

『魏志倭人伝』には、卑弥呼の宗女壱與（『梁書』『北史』には臺與と記されている）とある。卑弥呼の宗女というのは、一族、同族の女であり、しかも、祭祀を継承した本家筋に当たることを言うのであろう。立派な王族の女性としてのトヨの姿が浮かぶ。

　さて、卑弥呼の死後、男王を立てたが、国中が不服で、お互いに誅殺し合い、当時、千余人を殺し合ったとある。そこで、卑弥呼の宗女トヨという十三歳のものを立てて王とすると国中が治まっ

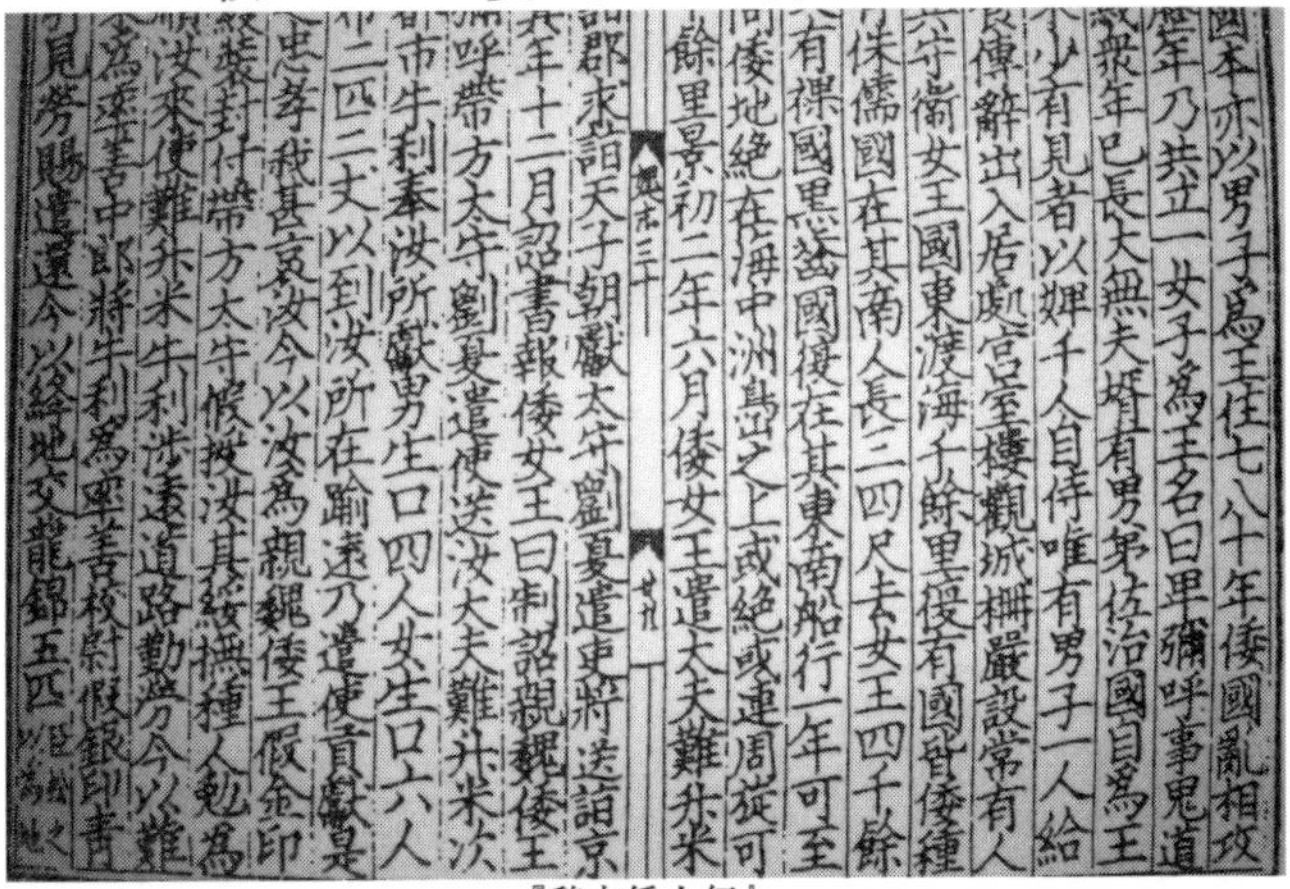
國本亦以男子爲王住七八十年倭國亂相攻
伐歷年乃共立一女子爲王名曰卑彌呼事鬼道
能惑衆年已長大無夫壻有男弟佐治國自爲王
以來少有見者以婢千人自侍唯有男子一人給
飲食傳辭出入居處宮室樓觀城柵嚴設常有人
持兵守衛女王國東渡海千餘里復有國皆倭種
又有侏儒國在其南人長三四尺去女王四千餘
里又有裸國黒齒國復在其東南船行一年可至
參問倭地絶在海中洲島之上或絶或連周旋可
五千餘里景初二年六月倭女王遣大夫難升米
魏志三十　廿九
等詣郡求詣天子朝獻太守劉夏遣吏將送詣京
都其年十二月詔書報倭女王曰制詔親魏倭王
卑彌呼帶方太守劉夏遣使送汝大夫難升米次
使都市牛利奉汝所獻男生口四人女生口六人
班布二匹二丈以到汝所在踰遠乃遣使貢獻是
汝之忠孝我甚哀汝今以汝爲親魏倭王假金印
紫綬裝封付帶方太守假授汝其綏撫種人勉爲
孝順汝來使難升米牛利渉遠道路勤勞今以難
升米爲率善中郎將牛利爲率善校尉假銀印青
綬引見勞賜遣還今以絳地交龍錦五匹

『魏志倭人伝』

た、ということであるから、卑弥呼没後、おそらく一年に満たないか、あるいは一年前後は男王が立ち、争乱の世であっただろうが、その後、トヨが女王になったと推定できる。すると、女王トヨの誕生は二四九年となる。

「二四九年にトヨ十三歳」というのを基準にすると次のようになる。

（『日本書紀』による）
垂仁二十五年　戊午　天照大神を倭姫命につける。倭姫命、伊勢に到る。
垂仁二十六年　丁巳　伊勢の渡遇宮《わたらひのみや》に遷りたまう。
〜〜〜〜〜〜〜〜〜〜〜〜
（『魏志倭人伝』等による）
二三七年　丁巳　　　　　　　　　　　　　　　（トヨ　一歳）
二三九年　己未　卑弥呼、親魏倭王の金印授かる。　（トヨ　三歳）
二四七年　丁卯　倭の女王卑弥呼は、狗奴国の男王卑弥弓呼と交戦。（トヨ　十一歳）
二四八年　戊辰　卑弥呼死す。男王立つも治まらず。（トヨ　十二歳）
二四九年　己巳　トヨ　十三歳で女王。　　　　（トヨ　十三歳）

二六六年　丙戌　倭の女王、西晋に遣い貢ぐ。　　（トヨ　三十歳）
二九七年　丁巳　　　　　　　　　　　　　　　　（トヨ　六十一歳）
〜〜〜〜〜〜〜〜〜〜
（『倭姫命世記』による）
四七七年　丁巳　（雄略二十一年）冬十月朔。アマテラスが丹波の豊受大神《トヨウケオオカミ》を呼び寄せて欲しいということを夢で教えた。
（『太神宮諸雑事記』による）
四七七年　丁巳（雄略二十一年）天照大神の託宣あり、「丹後国与謝郡眞井原の豊受大神を外宮に迎えよ。祭祀の時は、豊受大神の祭りを先とし、天照大神を後とせよ」
四七八年　戊午　（雄略二十二年）秋七月七日豊受大神伊勢の外宮に遷る。

卑弥呼の同族で祭祀を引き継いだ王女トヨという女性は、倭の女王として君臨した。二四九年、そのとき十三歳であった。

丁巳の年

卑弥呼とトヨの存在は、日本の歴史書に不可欠の事柄ではあったが、八世紀の支配者によって作られた『記紀』は、「卑弥呼—トヨ」に繋がる一族とは異なっていたため、その活躍の事実をそのままに記すことはできなかったと思われる。そこで、さまざまな工夫がなされた。

ひとつは、祭祀を行うのに、天照大神を祀ったのであるが、その大元の神というのは、豊受大神《トヨウケオオカミ》という名を持つ天御中主神である。その神の遷宮は、四七七年丁巳の年に託宣があった。アマテラスと豊受大神《トヨウケオオカミ》の関係は深く、これは、切り離しては考えられない間柄といえよう。つまり、実際のアマテラスの遷宮も、この豊受大神《トヨウケオオカミ》の遷宮の時期と同時と考えられるのであるが、アマテラスを皇祖神として祀る大和政権にしてみれば、アマテラスの伊勢への鎮座は、より古くからとしなければならなかった。

また、『日本書紀』（『日本古典文学大系』岩波書店）によれば、「丁巳の年　伊勢の渡遇宮《わたらひのみや》に遷りたまう。」という「丁巳の年」とは、垂仁二十六年であるという。これにしたがうと、『日本書紀』の垂仁二十六年というのは、紀元前四年丁巳の年となる。

つまり、六十年を一元として五元＝三百年となるが、トヨが六十一歳の時に天照大神を祀ったとしたら、その事実を三百年繰り上げた丁巳の年つまり垂仁天皇の御代（紀元前四年）として、『日本書紀』には記録したのではないだろうか。『日本書紀』は、何度も言うが、神武天皇を紀元前六六〇年におくことによって、紀年の引き延ばしをしているのである。トヨが祭祀を司っていた時代が繰り上げられて記録がされたのではなかろうか。そのためには、丹後の祖神を祭るトヨの行いは、当然、丹波道主命の孫娘にあたり、また、垂仁天皇と日葉酢姫《ヒバスヒメ》の娘である倭姫命《ヤマトヒメノミコト》に引き継がれた……、ということにされたのである。

雄略十八年（四七四年）には、伊勢の朝日郎《アサケノイラツコ》が何をしたせいかわからぬが、官軍に討たれた記事がある。伊勢が中央政権の支配下になったことを表しているのだろうか。そして、その後、丹後の祖神豊受大神《トヨウケオオカミ》が、伊勢に遷宮されるのである。おそらく、大和政権が、アマテラスを、同時に豊受大神《トヨウケオオカミ》を伊勢に祀ることで、皇統の祖神としての地固めを謀ったのではなかろうか。

女王トヨが在世して、国家の偉大なる最高神を神祀りした三世紀の事実がある。この事実をベースにして、伊勢神宮創祀の逸話は『日本書紀』に盛り込まれた。そして、豊受大神《トヨウケオオカミ》が遷宮になった雄略紀で、外宮奉遷の託宣があった雄略二十一年丁巳の年（四七七年）から、八元×六十年＝四八〇年繰り上げた紀元前四年丁巳の年を伊勢神宮創祀の時とした『日本書紀』を作ったと思われる。その祭祀を司ったトヨの使命は、同族でしか祀ることは出来ないという鉄則にしたがい『日本書紀』の記述の上では、丹波道主命の孫娘倭姫命《ヤマトヒメノミコト》に託されたということなのだ。

抹殺された神と極秘傳から浮かび上がる神

「極秘伝」を読む

官撰地誌である各地の『風土記』ですら完本は五つの風土記しか残らなかった。

卑弥呼やトヨの存在さえ、『古事記』には触れられていないし、『日本書紀』には曖昧な注釈が残るのみである。

このように考えてみると、まこと古代史は謎に満ちている。

海部氏の祖神、彦火明命《ヒコホアカリノミコト》もそうである。丹後の神、豊受大神《トヨウケオオカミ》もそうである。丹後に関わる神々や人々は、なぜかその姿が隠されてしまっている。しかし、『海部氏系図』からはそれらの姿が浮き上がり、さらに多くの情報で古代の日本が蘇るのである。これからそのあたりを探ってみようと思う。

「極秘をもって相伝えよ」とされた隠された資料に光りをあてていきたい。

それには、文献、系図の時代的順序を整理しておく必要がある。この国宝系図を扱うについて、『海部氏系図』は、貞観年中成立、『海部氏勘注系図』は、江戸期であるが、さらに、詳しい成立事情が『海部氏勘注系図』に記してあるので紹介したい。

『海部氏勘注系図』を見ると、その後半部分に次のように記されている。

「この「丹波國造海部直等氏之本記」は、元、號づけて曰く、「丹波國造本記」とあり、これは、「豊御食炊屋姫天皇御宇（推古天皇の御于）に國造海部直止羅宿禰《アマベノアタイトラノスクネ》等の撰ぶところなり」とある。また、「養老五年、國造海部直千嶋祝並びに弟千足・千成等、さらに、これを撰び修める。一に云う、養老六年壬戌秋八月。號づけて曰く、「籠宮祝部氏之本記」」とある。

さらに、「貞観年中、海部直田雄祝等、勅奉り、本系を撰進、號して曰く、「籠名神社祝部氏系図」。この系図は養老本記によるといえども、新たに数代の歴名を録し、神代の記並びに上祖の歴名を載せず、本記の體をなさず。仁和年中海部直稲雄等、さらに、往古より伝えるところの本記を修録し、號づけて曰く、「丹波國造海部直等之本記」。もって、一軸と為す。」とある。

また、「一本云」として、「氏の本記一巻は、仁和年中、海部直稲雄祝等、これを修録す。今相伝え、最奥の秘記と為す。」とあり、「永世相承し、他見を許すべからず」とある。

さらに、この『海部氏勘注系図』の末尾には、「本記一巻は、海神の胎内に鎮め、極秘をもって、永世相傳うべきものなり。海部勝千代之を敬写す」とある。

推古朝の「古伝」

ここで、最も重要なことは、『海部氏勘注系図』が江戸期のものということであるが、そこに書かれているのは、「丹波國造海部直等氏之本記」であって、それはもと、「丹波國造本記」であるということである。

そして、「丹波国造本記」は、海部直止羅宿禰《アマベノアタイトラノスクネ》が、推古天皇の時、およそ六二〇年ごろ作ったものであり、それが、『海部氏勘注系図』のもととなっているということなので、ここに書かれている情報は推古朝の頃のものだということになる。おそらく、聖徳太子の時、『天皇記』『国記』を作った頃に、作られたと思われる。

そうすると、資料は次のような順序となる。

「丹波国造本記」（『海部氏勘注系図』のもとになったもの）推古天皇のころおよそ六二〇年ころ

『古事記』……七一二年

『丹後国風土記』成立……七一五年（筆者の研究による）（現在、逸文として残るのみ）
『日本書紀』……七二〇年
「籠宮祝部氏之本記」……養老五年（七二一年）あるいは養老六年壬戌秋八月
『海部氏系図』……貞観年中（八七一年〜八七七年成立）「籠名神社祝部氏系図」（始祖彦火明命〜海部直田雄祝まで、十八名記す。上古の部分は略されている。）
『海部氏勘注系図』……江戸期（古伝を集めたもの）「籠名神宮祝部丹波國造海部直等之本記」（始祖彦火明命から海部直稲雄とその次の代にあたる諸茂まで連綿と書かれ、これを記した者としては、海部勝千代の署名がある。）

また、『海部氏勘注系図』の冒頭には、「籠宮祝部氏之本記」と「籠名神社祝部氏系図」がある。

このようなことから、江戸期にできた『海部氏勘注系図』であるが、その原本となっているのは、「丹波国造本記」であって、それは、『古事記』よりも古い推古天皇の頃の記録であるということがわかる。

『海部氏勘注系図』には「古傳」「秘傳」が含まれていると、さらりと言っているのはこうした事情からである。

『古事記』『日本書紀』というものができ、歴史の大筋というものは動かせなくなってしまった。しかし、『古事記』『日本書紀』以前の記録を各氏族は持っていたが、それが、『古事記』『日本書紀』が正しくて、それに抵触するものは、『先代旧事本紀』のように、偽書のごとき扱いをやむなくされた。しかし、今見直しがなされようとしている。

この『海部氏系図』『海部氏勘注系図』が、千二百年にわたり、極秘に代々伝えられたのは、まさしくこうした迫害に合うことを怖れた先祖代々の智恵と忍耐のたまものであった。

しかし、時は熟したのだ。

『海部氏勘注系図』に現れた卑弥呼とトヨ

系図にいる二人の日女命

『日本書紀』は卑弥呼を神功皇后のように書いているが、その年代的な不一致から、卑弥呼ではないとわかったので、他の資料を検討してみたい。

『海部氏勘注系図』を見ると、「日女命」と記した人物が二人いる。

『海部氏勘注系図』の九世孫に「意富那比命《オホビノミコト》」とあり、妹として、「日女命《ヒメノミコト》」とある。そこに、亦の名「倭迹々日百襲姫命《ヤマトトトヒモモソヒメノミコト》」「一云う、千々速日女命」「一云う、日神」「亦名、神大市姫命」とある。

また、もう一人は、十一世孫小登與命の妹として「日女命」と記されている。そこには、亦の名「稚日女命《ワカヒルメノミコト》」とあり、さらに、「亦の名　小豊姫命」とある。ほかにも、「亦名　豊秋津姫命」「亦名　宮簀姫命」「亦名　日神荒魂命」「一云、玉依姫命」とある。

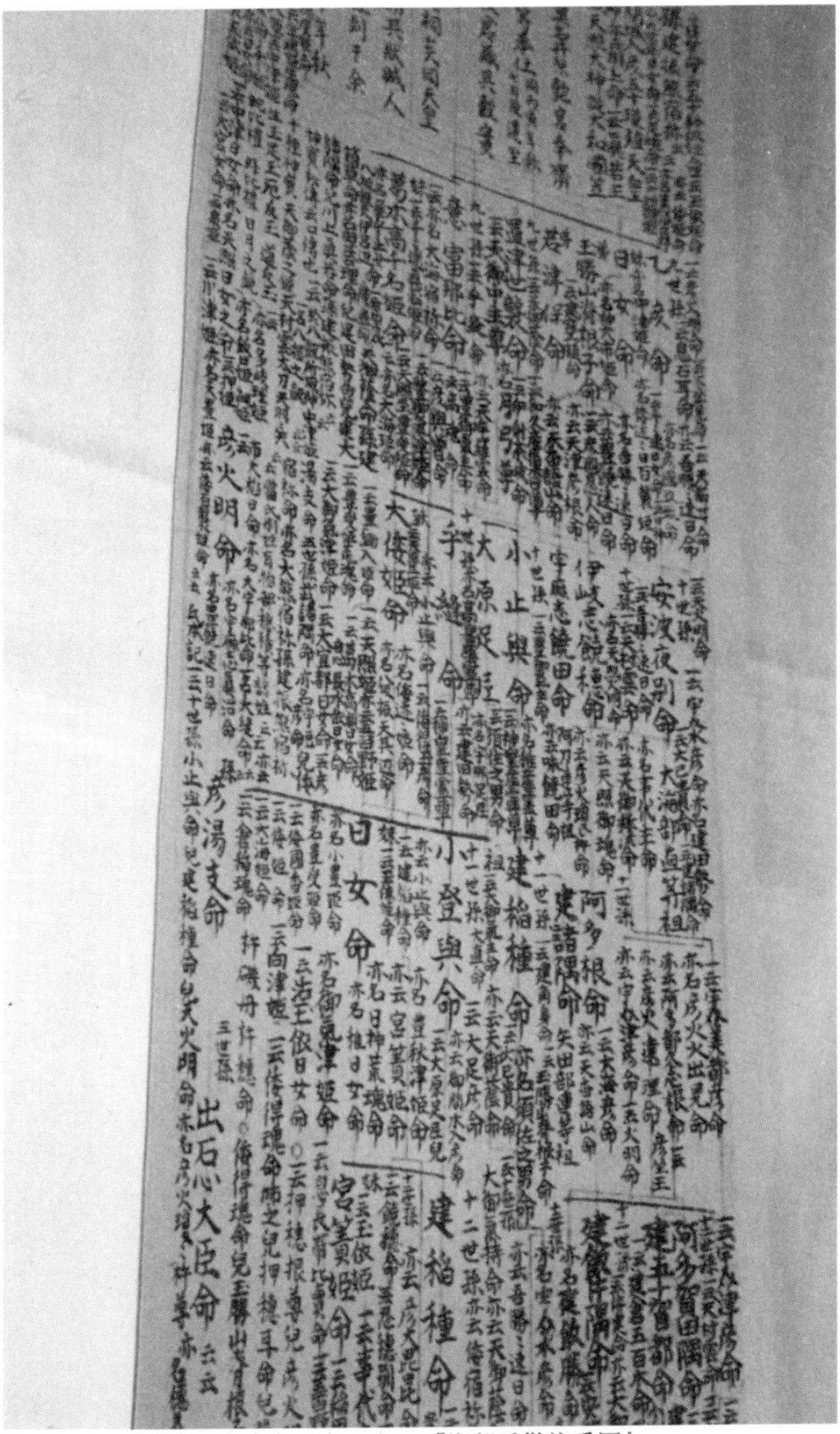

「日女命」の名がある『海部氏勘注系図』

亦の名がたくさんあるから混乱しそうだが、それは、その時の当事者でさえ書くのをはばかられたが、しかしながら、この大事なことを省略するわけにはいかない、どうしても書き記しておかねばならない重要事項であった、ということなのだ。たとえば、神社の本殿に祀られているものも大事であるが、その摂社に、その神社の由来を秘めた最も重要な神が祀られてあるように。

確かに、「日女命」という普通名詞では、いったい誰のことなのかわからない。それを示しているのが、この「亦の名」「一云」の表記なのだ。

それでは、これらの神の名はどういう神なのか、簡単に見てみよう。

まず、最初の九世孫の妹「日女命」の別名

「倭迹迹日百襲姫命《ヤマトトトヒモモソヒメノミコト》」

「千々速日女命《チチハヤヒメノミコト》」

「日神《ニッシン》」

「神大市姫命《カミオオイチヒメノミコト》」

二つ目の十一世孫の妹「日女命」の別名

「稚日女命《ワカヒルメノミコト》」
「小豊姫命《オトヨヒメノミコト》」
「豊受姫命《トヨウケヒメノミコト》」
「御気津姫命《ミケツヒメノミコト》」
「豊秋津姫命《トヨアキツヒメノミコト》」
「宮簀姫命《ミヤズヒメノミコト》」
「日神荒魂命《ニッシンアラミタマノミコト》」
「玉依姫命《タマヨリヒメノミコト》」

十一世孫の妹の日女命はトヨか

さて、そのようにみていくと、『日本書紀』で、アマテラスは、「稚日女命」として出てくる。また、「小豊姫命《オトヨヒメノミコト》」は、トヨに通じるのではないか。「豊秋津姫《トヨアキツヒメ》」は天押穂耳尊《アメノオシホミミノミコト》の妻であり、すなわち、海部氏の祖神彦火明命の母君に当たる神格である。しかし、性急に結論づけるにはまだ早過ぎる。さらに、視点を変えて探求してみよう。

というのは、卑弥呼、トヨという実在の倭の女王と、神として祀ったり祀られたりするということとがリンクしてくるように思うのだ。

九世孫の妹の「日女命」は、「日神」とある。これが卑弥呼となる。

倭の女王卑弥呼は太陽神であり、その孫にあたるトヨが、太陽神である我が祖神を祀ったアマテラスだったのではないか。

アマテラスとはトヨである

女王トヨがアマテラスに当たる

卑弥呼とは、トヨとは誰か、ということを追求していくと、同時進行で、アマテラスとは何かということを考えていかねばならない。

そこで今一度アマテラスについて考えてみよう。

1　アマテラスは皇祖神となったが、神代の列順でいくと根本を為す神ではない。まず、日本神話の大元にある神は、『古事記』が「天御中主神《アメノミナカヌシノカミ》」と記すように、アマテラスではない。アマテラスはもっとあとで出現する。イザナギが左目を洗った時に出現した神である。

2　アマテラスはもともとアマテル神という男性神であった。皇祖神としてのアマテラス、アマテラスの元のすがたは、アマテル神であるとする、すなわち、男神であるということ、まずこれだけをとってみても、男神から女神へと変貌しているし、アマテルクニテルという最高神から、アマテラスという皇室の祖神となっている。

3　祀る側から祀られる側になった
そして、そのアマテラスは、その最高神アマテル神、である丹後の祖神を斎《いっ》き奉《まつ》ることができた同族の女性がアマテラスであり、祀る側から、やがて、祀られる存在アマテラスとなった。

4 すなわち、アマテラスを伊勢に祀ったのは、垂仁朝の時だと『日本書紀』に記されているが、その役割を担ったのが倭姫命《ヤマトヒメ》であり、これは、丹波道主命の孫に当たる丹後に縁の深い倭姫命《ヤマトヒメ》であった。これが、祀る側アマテラスの姿であった。

5 それでは、倭姫命《ヤマトヒメ》は誰を祀ったのか。
それは、我が祖神彦火明命《ヒコホアカリノミコト》であり、丹後の祖神豊受大神《トヨウケオオカミ》であり、祖父丹波道主命である。最高神は、豊受大神《トヨウケオオカミ》であり、アマテルクニテル神であり、天御中主神《アメノミナカヌシノカミ》である。

6 そして、実年代の中で、三世紀に祀る側のアマテラスの役割を果たした人物が浮上する。それが、トヨなのである。

7 トヨは祖母にあたる卑弥呼を祀り、最高神豊受大神《トヨウケオオカミ》、アマテル神を祀ったのだ。

『古事記』に登場するアマテラスは、イザナギが左の目を洗ったとき、生まれた神だという。このアマテラスが、須佐之男《スサノオ》の乱暴な行いに驚き、梭《ひ》で身を傷つけるが、その同じ逸話に「稚日女命《ワカヒルメノミコト》」とある。アマテラスの別名と解釈できる。すると、『海部氏勘注系図』に、「十一世孫の小登與命」の妹に「日女命《ヒメノミコト》」とあり「亦の名、稚日女命」とあるではないか。そうすると、この「日女命」がアマテラスとなる。

　海部氏の古伝には、「天照大神は、卑弥呼の孫娘」とある。

『海部氏勘注系図』には、九世孫意富那比命《オホナビノミコト》の妹に「日女命」とある。「亦の名を倭迹迹日百襲姫命」「亦の名　神大市姫命」「日神」とある。

　このように、十一世孫の妹の「日女命」がトヨとなると、この九世孫の妹の「日女命」は、卑弥呼となる。

　アマテラスは、十一世孫の妹「日女命」であり、これが、女王トヨだったのだ。

実年代の中のトヨとヤマトヒメ

明らかになったトヨ

三世紀のころの実年代を拾い出せるのは、『魏志倭人伝』からの情報である。これによれば、

一　倭国は、はじめは男王で、七、八十年。
二　景初二年、二三八年（景初三年の誤りで、二三九年）倭の女王は、大夫の難升米等を遣わし、魏の天子のところに詣り朝献、親魏倭王の金印を授かる。
三　正始元年、二四〇年　倭王は使いに上表し、詔恩に答謝した。
四　正始四年　二四三年、倭王は、また使いを遣わした。
五　正始八年　二四七年、倭女王、卑弥呼は狗奴國の男王、卑弥弓呼とはもとから不和だった。
六　卑弥呼が死んだ。
七　さらに男王をたてたが、國中が不服だった。お互いに誅殺しあい、当時、千

余人を殺しあった。

八　卑弥呼の宗女壱与（台与）、年十三をたてて、王とすると国中が平定した。

約二千字のなかにこれだけの情報があった。

卑弥呼は三世紀初頭に活躍して、二四八年に死ぬと、その後、國は乱れ次のトヨが十三歳で女王になった。

さて、もう一方、『日本書紀』によれば、

1　垂仁二十五年、ヤマトヒメが伊勢の五十鈴川のほとりにアマテラスを祀る。

また、「一書」には、

2　垂仁二十六年丁巳　伊勢の渡遇宮に遷す。

という記事がある。

さらに、『倭姫命世記』によれば、

1　雄略二十一年（四七七年）丁巳　豊受大神《トヨウケオオカミ》を外宮に迎えて欲しいと奉遷の

夢見る。

2　雄略二十二年（四七八年）戊午　豊受大神《トヨウケオオカミ》大神外宮遷座。

という記録がある。しかし、『日本書紀』には、この記事はなく、かわりに雄略二十二年のところには、浦島子が常世にいくと記している。

これらの書物から、共通している「丁巳」の年に注目して見よう。そうすると、豊受大神《トヨウケオオカミ》を伊勢に迎えようとした年が雄略二十一年（四七七年）、それから、『日本書紀』の「垂仁二十六年」というのは、『日本書紀』では、（紀元前四年）丁巳となっているが、これに五元＝三〇〇年を上昇させると、二九七年となる。

ということは、二九七年が丁巳の年であり、この年に大元の神を祀っていた王がいたとなる。

そこで、二九七年に神祀りをした人物を割り出していきたい。

二四八年卑弥呼が死亡したのであるが、そのあと即、トヨの即位とはならず、一旦は男王が立っている。闘いがあり、その後、トヨを立てて治まっている。トヨが十三歳で即位したのが二四九年とすると、二九七年丁巳の時は、トヨは六十一歳となることは前章で確認したとおりである。

アマテラスの原像トヨ

もしも、この卑弥呼やトヨが八世紀の大和政権の純粋な祖先に連なるとしたら、吾が祖先の誇るべき人物として、『古事記』は筆力を込めて誇ったにちがいない。しかし、『古事記』に卑弥呼もトヨも出てこない。『日本書紀』は、神功皇后のところに注釈を入れて、神功皇后であるかのごとき錯覚をしてもらうような造り方をしている。

つまり、卑弥呼とトヨは、その前政権の一族だったのだ。

巫女王として神を祀り、女王として君臨するトヨ。祖神であり、大元の神豊受大神《トヨウケオオカミ》、アマテル神を祀り、日神卑弥呼を祀るトヨ。これこそが祀る側のアマテラスの姿であった。このトヨの姿こそ、アマテラスの原像であったのである。

この事実をもとに、『日本書紀』編纂がなされたのではないか。豊受大神《トヨウケオオカミ》が遷宮されたとき、アマテラスも遷宮されたのだ。ところが、アマテラスが、四七七年では歴史叙述上、新しすぎる。もっと下降させる必要がある。そこで、四八〇年間の下降がなされた。太陽神を祀ったアマテラスは、トヨであったが、『古事記』『日本書紀』においては、倭姫命《ヤマトヒメノミコト》とされた。

倭姫命《ヤマトヒメノミコト》はトヨと同族である。同族の倭姫命《ヤマトヒメノミコト》が選ばれたのであった。

倭姫命《ヤマトヒメノミコト》という祀る側の人間が、やがて祀られる神となり、アマテラスが祀られることとなった。

実年代の中では、トヨが、祖神である豊受大神《トヨウケオオカミ》、アマテル神、火明命《ホアカリミコト》、卑弥呼を祀ったアマテラスである。

そして、その役割を『日本書紀』のなかで果たしたのが倭姫命《ヤマトヒメノミコト》であり、豊受大神《トヨウケオオカミ》やアマテル神や彦火明命《ヒコホアカリノミコト》や丹波道主命などを祀った。

やがて、祀る人トヨや倭姫命《ヤマトヒメノミコト》が、祀られる神アマテラスとして祀られる神に変貌した。

構図	祀られる側 ＝ アマテル神	祀る側 ＝ アマテラス
「日本書紀」の記述	天照大神 （アマテラスオオミカミ）	倭姫命
倭姫命が祀った神とは	（大元の神である） 豊受大神 アマテル神 （祖先にあたる） 丹波道主命	倭姫命
歴史事実	（大元の神である） 豊受大神 アマテル神 （祖先にあたる） 卑弥呼	トヨ（台与）
「海部氏勘注系図」に出てくる神名、人名	（大元の神である） 豊受大神 彦火明命 アマテル神 （祖先にあたる） 第九世孫の妹 「日女命」日神＝卑弥呼	第十一世孫の妹 「日女命」＝トヨ（台与）

皇祖神アマテラスが女性神であるのは、トヨであり、倭姫命《ヤマトヒメノミコト》の反映と見ることができる。

隠された豊受大神《トヨウケオオカミ》の遷宮

浦島伝説が『日本書紀』に登場した理由

御伽草子に出てくる浦島太郎は、いたって純朴で、いじめられている亀を助けてやる好青年である。この話を太宰治が、『浦島さん』という題で小説を書いているが、その書き出しに、じつは、丹後に実在した長男ということだ、といみじくも書いているように、この話は、『日本書紀』にまで書かれている。そこには、雄略天皇の時代の二十二年ということなので、西暦になおすと四七八年ということだ。

さて、こうした浦嶋子の常世へ行ったという話がわざわざ、しかも突然『日本書紀』に書かれているということが、重要な問題なのだ。というのは、その前後になんの脈絡もなく、突然挿入されているからだ。

じつは、雄略二十二年という年は、何が起きた年かというと豊受大神《トヨウケオオカミ》が伊勢に遷された年なのだ。皇室にかかわる伊勢、そこの外宮に丹後の豊受大神《トヨウケオオカミ》が遷されていくという、国家にとっての一大事業が、なぜ『日本書紀』に書かれていないのか。そのことが大いに問題だ。

『倭姫命世記』には、雄略二十一年丁巳冬十月朔《ついたち》にアマテラスが食事もままならないから、丹波国の与佐之小見比沼之魚井之原《よさのこみのひぬのまないのはら》にいます丹波道主王の子、八平止女《やおとめ》が斎き祀る御饌津神である止由気皇大神を、我がいるところに呼び寄せて欲しいと言い、翌雄略二十二年戊午秋七月七日に、豊受大神《トヨウケオオカミ》を丹波から遷座したことが書かれている。

さて、『倭姫命世記』には、垂仁二十六年丁巳冬十月甲子、天照大神を度会五十鈴河上に奉遷すると書かれている。『日本書紀』には、垂仁二十五年に「祠《やしろ》を伊勢に立てたまふ。よりて、斎宮を五十鈴の川上に興《た》つ。これを、磯宮という。すなわち、天照大神の初めて天より降ります處なり」とある。また、「一に云わく」として、「丁巳の年の冬十月の甲子を取りて、伊勢国の渡遇宮に遷しまつる」とある。『延喜式』に、「大神宮、渡會宮には、各馬一疋を加え」とあるが、この「大神宮」が内宮で、「渡會宮」が外宮のことであろう。また、「内宮の場合は、多くの例が五十鈴河上の宮という表現がとられるので、この渡遇宮は当然外宮でなければならない」（『古代社会と浦島伝説』水野祐著）とある。アマテラスを垂仁二十六年丁巳の年に渡遇宮に遷したというのだが、この渡遇宮というのは、外宮のことと考えられる。

そうすると、雄略紀に行われた外宮の遷座の事実を書くと『日本書紀』の記録に抵触するので、その記事を消したのである。そこで、浦島伝説がそこに挿入されたと考えられるのである。

歴史書のなかに突然浦島伝説が挿入されているので、これは奇異である。穿《うが》って考えるならば、編纂をすすめる中で、五世紀の豊受大神《トヨウケオオカミ》の遷宮を隠そうとして、この浦島伝説を入れたのではないかと考えられるのである。

豊受大神《トヨウケオオカミ》遷宮の真相

ここからわかることは、重大なことである。

アマテラスが毎日の食事に困るので、御饌津神として豊受大神《トヨウケオオカミ》を伊勢に呼び寄せた。しかし、アマテラスの伊勢に降ったのが垂仁朝で、豊受大神《トヨウケオオカミ》が雄略朝ということでは、時期が離れすぎている。本当は、『倭姫命世記』が書いているように、雄略朝のときであった。しかし、『日本書紀』はすでに内宮の創始を垂仁紀に記し、外宮と思われる渡遇宮も垂仁二十六年丁巳の年というふうに記されている。これは、雄略二十一年丁巳の年にアマテラスの託宣があり、翌二十二年に鎮座したというのを、垂仁二十六年丁巳まで繰り上げたのであった。『日本書紀』年代では、垂仁二十六年は、紀元前四年となる。すなわち、一運六十年を一元とし、八元＝四八〇年繰り上げたと考えられるのである。

明かされた最高神

豊受大神とアマテル神は二神一座

外宮の神豊受大神《トヨウケオオカミ》こそ宇宙の最高神であり、ここに、すべての秘密があったのだ。アマテラスは、皇祖神として内宮に納まり、今にいたるまで最高のもてなしを受けているのであるが、大元の神である豊受大神《トヨウケオオカミ》がおろそかにされては、この世も神の世も治まらない。宇宙の最高神豊受大神《トヨウケオオカミ》が鎮座される外宮こそ尊ぶべきである。伊勢の外宮先祭の秘密はここにあったのである。

古代大丹波王国（＝丹後王国）の奉祭する神豊受大神《トヨウケオオカミ》こそ、宇宙の最高神であり、アマテル神でもあり、このアマテル神がアマテラスにされて、皇祖神として最高神とされたため、『古事記』『日本書紀』から豊受大神《トヨウケオオカミ》は排除されたのであった。唯一、御饌津神《みけつ》（食物を司る神）として、伊勢の外宮に祭られる。ということが記されたのみであった。

この豊受大神《トヨウケオオカミ》の流れを汲むのが、豊受姫《トヨウケヒメ》となるのである。羽衣伝説の

「元天照坐豊受皇大神宮」と刻まれた石碑

豊宇賀能売命《トヨウカノメノミコト》として祀られる天女もこの豊受大神《トヨウケオオカミ》の信仰のある丹後において生まれた神名である。

なぜ外宮先祭なのか。

その証拠を示さねばなるまい。

天の橋立を参道とする丹後一の宮籠《この》神社の境内のはずれに、古い石碑がある。そこには次のように刻まれている。

「天照坐豊受皇太神宮」、これは、なんと読むのだろうか。

①「アマテラス　イマス　トヨウケノスメオホンカンノミヤ」と普通は読む。

また、こう読める。

②「アマテル　トヨウケノスメオホンカンノミヤ　ニ　イマス」

つまり、豊受皇太神宮にアマテル神がいます、ということなのだ。

外宮先祭と『一宮深秘《いちのみやしんぴ》』

『海部氏勘注系図』に「古記に云う」として、「豊受大神は、またの名を天照豊受皇大神。またの名を天照大神和魂。一云として、豊受姫命。またの名を、國常立尊。またの名を天御中主尊」とある。

また、『丹後國一宮深秘』（智海法印の元弘年中の書写と伝えられる）には、次のように書かれている。

「豊は、國常立尊、受は、天照大神なり。両宮の御名なり。しかりといえども、伊勢においては、天照大神、豊受を両大神宮と云う。伊勢國御鎮座以前は、丹後國一社に双住し給へり。神秘口伝在り。されば、伊勢の根本は丹後一の宮與佐社なり。十一代の御門垂仁天皇の御宇、伊勢國ワタラヒ郡宇治郷御裳濯河《みもすそがわ》の川上に遷宮し給へり。その後、宝暦四百八十三年後、人王二十二代の御門雄略天皇の御宇二十一年、勅により、丹後國與佐宮を山田原に遷し奉る。皇太神のご託宣に依り、明年戊午秋七月七日大神主佐々命、二十三年己未大神宮大神主に従い、丹後國與謝郡真井原の豊受大神宮を伊勢國山田原に迎え奉る。その後、御託宣にいはく、我が祭奉仕の時、先ず豊受皇太神宮を祭り奉るべきなり。」とある。

こうした資料から、豊受大神という一神の中に、二つの神、すなわち國常立尊とか天御中主尊といわれる神と天照大神が並んで存在していることがわかる。そして、雄略二十一年丁巳に丹後國與佐宮が山田原に遷されたとあり、それまでは、豊受大神も、天照大神もともに丹後に祀られていたことが書かれている。そして、この『丹後國一宮深秘』によると、二十三年豊受大明神を伊勢に迎えるとある。その託宣に、先ず豊受皇太神宮を祭るようにとある。

宇宙の最高神

天照大神はその名から陽気を発する太陽を表し、豊受大神は、されば月神か。この二つの神が一体となって存在する。ということは、陽も陰も日神も月神もすべて一身に内在して万能の神、最強の最高神となったのだろうか。

神は全能であり、最高に優れたもので、唯一であり、その宇宙の最高の神の存在こそが、「大元神」であった。それが、豊受大神である。

豊受大神は最高の神、天御中主命であり、イコール、アマテル神でもあった。そして、その神の具象が鏡であるといえる。

アマテル神も豊受大神も、丹後の姫君がその祭祀をおこなっていたのである。丹後の丹波道主命の系統につながる八乙女は、天女伝説ともなった。その系統、丹波道主命の孫娘、倭姫命《ヤマトヒメノミコト》がこの神を祀っていたのだ。その秘儀を知るものしか、神を祀ることはできない。古代、丹波系の女性こそが、その秘儀を伝承されており、その任務を果たすことは、丹波系の女性にしかできなかったのである。

ところが、大和朝廷は最高神、豊受大神でもあり、アマテル神であるもののうち、アマテル神を、アマテラスとして女性神にして、皇祖神に祀り上げた。

じつは、豊受大神を伊勢に遷座されたのが、四七八年であるが、そのときに、アマテル神も遷座されたことになる、ということは、どういうことか。なんども言うように、ふたつの名を持つが、二神で一神、不離一体の神であるからだ。

アマテル神が女性神アマテラスにされたことが大きな創作なのであった。そこで、皇祖神として、アマテラスは、伊勢には、垂仁二十六年に遷宮されたという話が創作され、歴史が作られたのであった。そして、本当は、四七八年に豊受大神＝アマテル神を伊勢に遷したときこそが、アマテラスの伊勢遷宮となるのであり、皇祖神の誕生となるのであるが、皇祖神であるアマテラスは、より古くから伊勢に祀られる必要があった。そのために、垂仁二十六年伊勢鎮座となったのである（前述）。

アマテル神と豊受大神の関係とは、二神一座（名前は違う神だが、神格としてはひとつになっている）であり、一神二座（同じ神様、神格としては一緒だが、ふたつの名前で存在するもの）である。

この最高神アマテル神であり、豊受大神であり、天御中主命《アメノミナカヌシノミコト》であり、先祖にあたる日神である卑弥呼を、女王トヨが祀った。トヨが、祖神である大元の神を祀る姿こそアマテラスの原像であり、それが、やがて、祀られる神アマテラスとなったのである。

あとがき

卑弥呼の孫トヨはアマテラスだった
日本の秘密はここにあった

古代の女性の存在と神祀りとの関係を追いながら、大丹波王国の姫である日葉酢姫《ヒバスヒメ》とその姉妹の存在、そして、丹後の血脈を引く倭姫命《ヤマトヒメノミコト》がアマテラスの斎王となったことに注目した。

アマテラスは皇祖神であるが、はたして、倭姫命《ヤマトヒメノミコト》が祀ったのは誰なのか。そして、アマテラスのもとの姿、プレアマテラスとは何なのか。

アマテラスの変貌を追いながら古代国家と神祀りの真実の姿を追い求め、そして、古代史に実在した卑弥呼の孫、女王トヨ（台与）こそ、日本の大元の神を祀ったアマテラスであることを突きとめた。

トヨは、『海部氏勘注系図』にある、十一世孫小登與命《オトヨノミコト》の妹「日女命」であり、それは亦の名「稚日女命」とあるように、アマテラスであった。

そして、海部氏の系譜にいるトヨが祀ったのはいかなる神か。それは、アマテル神であり、大元の神豊受大神であり、祖神彦火明命《ヒコホアカリノミコト》であり、祖母にあたる日神卑弥呼であった。

大元の神を祀るアマテラスは、やがて、祀られる対象と変わり、祀る巫女王から祀られる神アマテラスとなったのである。

大元の神豊受大神と、アマテル神、この二つの神は、それぞれの名を持ち一座に祀られている。ここに、最強の神の秘密があった。

伊邪那岐《イザナギ》と伊邪那美《イザナミ》が天の浮き橋から地上へと降りてきたという天の橋立は、天と地とが交通をした最初の地である。日本の秘密を解く鍵は、日本の精神的支柱は大丹波王国にあるのだ。丹後にはいたるところに、豊受大神《トヨウケオオカミ》が祀られている。丹後に深く根ざした神である。

豊受大神こそ大元の神である。アマテル大神と豊受大神《トヨウケオオカミ》、二つが一つになって根源の神として存在する。なればこそ、最高の存在であり、最強の神なのである。

最後になりましたが、本書の刊行に際して、貴重な国宝資料の拝覧をお許し下さいました海部光彦宮司様、多大なご理解とご尽力をいただきました明窓出版の社長増本利博様をはじめ、ご助力をいただきました方々に心から感謝し、御礼を申し上げます。

伴　とし子

（参考文献）

『古事記祝詞』日本古典文學体系（岩波書店）
『日本書紀』日本古典文學体系（岩波書店）
『風土記』日本古典文學体系（岩波書店）
『先代旧事本紀訓注』大野七三（新人物往来社）
『神典』（大倉精神文化研究所）
『魏志倭人伝』和田清・石原道博編訳（岩波文庫）
『神道大系』神宮編（神宮大系編纂会）
　『皇太神宮儀式帳』
　『止由気宮儀式帳』
　『太神宮諸雑事記』
『倭姫命世記注釈』和田嘉寿男（和泉書院）
『梁書』（汲古書院）

～300	300	400	500
その後トヨ女王となる		413 倭国・東晋に遣使 421 倭王讃、宋に朝貢 430 倭国王、宋に使者を使わし方物を献上 478 倭王武、宋の順帝に対し上表文	
266 トヨ30才 297 丁巳トヨ61才			
270 応神元年	313 仁徳元年	400 履中元年 406 反正元年 412 允恭元年 454 安康即位 456 安康3年 雄略即位 480 清寧元年 485 顕宗即位 488 仁賢即位 498 武烈即位	507 継体即位
		474 伊勢の朝日郎伐たれる 478（雄略22）浦嶋子 トコヨへ行く	
297 丁巳	357 丁巳 392（応神3）海人さばめき命に従わず 394（応神5）海人部定める	477 丁巳天照大神の託宣。トヨウケ神を伊勢へ迎えよ。 478 トヨウケ遷宮	

トヨ
伊勢

（１８０年）

（４８０年）

伊勢遷宮は事実から480年（1運

※トヨ年齢
248年卑弥呼死亡し、その後、男王立つも国中不服で、争いがあり当時千余人殺される。その後卑弥呼の宗女トヨ13才で王となり、ついに定まる、という「魏志」の記録から、卑弥呼死後、翌年をトヨ13才と比定する。

	B.C 100 〜 0	0 〜 100	100 〜 200	200 〜
中国史書等	BC 1世紀ころ 倭国は百余国が群立	57倭奴国王・後漢武帝に朝貢、金印を授けられる	107 後漢に師升・朝貢 170〜180 倭国の大乱 2C末邪馬台国は元男王が治めていたが、大乱が起き、卑弥呼が女王で治まる	239 卑弥呼、魏に遣わし、親魏倭王の称号と金印を授かる。 243 卑弥呼再び魏に遣使 247 邪馬台国と狗奴国との間に激しい戦い 248 卑弥呼死す
※トヨの年令				237 丁巳トヨ1才 239 トヨ3才 247 トヨ11才 248 トヨ12才 249 トヨ13才で女王
「日本書記」年代 天皇の即位年	BC97崇神元年 BC29垂仁元年	71景行元年	131成務元年 192仲哀元年	201 神功、皇太后を称する
「日本書記」年代 できごと	BC4伊勢神宮創祀（垂仁26年）			
（「日本書紀」年代は繰り上げられているので、）整合した年代	BC4丁巳	57丁巳		237丁巳

（３００年）

が祀る側アマテラスとして、大元の神や祖神を祀った事実から
創祀は300年繰り上げられている。

60年×８元）繰り上げられた。

『北史』（古典研究會）
『海部氏系図』（海部氏所蔵）
『海部氏勘注系図』（海部氏所蔵）
『一宮深秘』（海部氏所蔵）
『日本古代史大辞典』上田正昭監修（大和書房）
『日本の神々』松前健（中公新書）
『古代社会と浦島伝説』水野祐（雄山閣）
『天皇と鍛冶王の伝承』畑井弘（現代思潮社）
『伊勢神宮』千田稔（中公新書）
『日本国家成立の研究』田中卓（皇學館大学出版部）
『日本書紀の真実』倉西裕子（講談社選書メチエ）
『ヤマト国家成立の秘密』澤田洋太郎（新泉社）
『古代女性史への招待』義江明子（吉川弘文館）
『元初の最高神と大和朝廷の元始』海部穀定（桜楓社）

『元伊勢の秘宝と国宝海部氏系図』海部光彦（籠神社）
『古代海部氏の系図』金久与市（学生社）
『古代丹後王国は、あった』伴とし子（東京経済）
『前ヤマトを創った大丹波王国』伴とし子（新人物往来社）

著者プロフィール

伴《ばん》　とし子
1955年、京都府京丹後市に生まれる。
大谷大学文学部文学科卒業。佛教大学史学科博物館学芸員課程修了。
『網野の浦島伝説』
『龍宮にいちばん近い丹後』
『古代丹後王国は、あった』
『前ヤマトを創った大丹波王国』などの著書がある。

卑弥呼《ひみこ》の孫《まご》

トヨはアマテラスだった

伴《ばん》　とし子

平成十九年九月九日初版発行

発行者――増本　利博

発行所――明窓出版株式会社

〒一六四―〇〇一二

東京都中野区本町六―二七―一三

電話　（〇三）三三八〇―八三〇三

FAX　（〇三）三三八〇―六四二四

振替　〇〇一六〇―一―一九二七六六

印刷所――株式会社　シナノ

落丁・乱丁はお取り替えいたします。

定価はカバーに表示してあります。

ISBN978-4-89634-219-2

http://meisou.com/

倭国歴訪

～倭人伝における倭の諸国についての考察～

後藤幸彦著　　税込み価格　1.365円

邪馬台国発見がかくも遅れたのは、まさに最初のボタンのかけ違いにあった。邪馬台国都城址問題の解決によって新しい古代史が展開してくる。

従来までの論説における難点の一つは、邪馬台国に行き着こうとするあまり脇目もふらずに論証を進めていったがゆえに、そこに至るまでの諸国に関する吟味が丁寧に行われなかったことにもあると思うのである。

そのためにも倭人伝の一国一国ごとに項を設け、その国に関係のある事柄を、邪馬台国以外の事をもとり混ぜて考証していくことにしたのである。

その結果は、自分でも意外なほどの古代日本の事象展開を見ることとなった。

人間の進化

～愛より命が大事だなんて誰にも言わせない～

伊吹龍彦著　　税込み価格　1.575円

人間の一切の根源が愛であり、 それは命さえコントロールしてしまう。

繰り広げられる知的言語と思想の軽妙な刺激に脳が洗礼を受けるようだ。初めて出会った女性なのに、かすかに手がふれあっただけで龍彦は何もかも理解してしまった。

尽くせば尽くすだけ自分の喜びにもなってしまう。これが、求められる人間社会の目指すべき方向なのだ。それをもっともすみやかにシュミレーションできるのが、性(セックス)なのだ。

めくるめく官能の嵐、伴奏ともいえるインテリジェンス。そして、桜花乱舞する奇跡が。

人間は、どうすれば共に美しい惑星に棲める存在になれるのか。この小説にふれただけで、貴方の中に眠っていた深い愛が呼び起こされる。そして、それを知った時、輝き神化する。これが人間の進化なのだ。 愛にあふれる文学は社会を牽引する。こんな文学を私は待っていた。優しい満ち足りた時間の贈り物……、それが伊吹ワールドなのだ。

青年地球誕生

～いま蘇る幣立神功～

春木秀映/春木伸哉著

税込み価格　1.575円

　五色神祭とは、世界の人類を大きく五色に大別し、その代表の神々が“根源の神”の広間に集まって地球の安泰と人類の幸福・弥栄、世界の平和を祈る儀式す。

この祭典は、幣立神宮（日の宮）ではるか太古から行われている世界でも唯一の祭典です。

不思議なことに、世界的な霊能力者や、太古からの伝統的儀式を受け継いでいる民族のリーダーとなる人々には、この祭典は当然のこととして理解されているのです。

1995年８月23日の当祭典には遠くアメリカ、オーストラリア、スイス等世界全国から霊的感応によって集まり、五色神祭と心を共有する祈りを捧げました。

　ジュディス・カーペンターさんは、世界的なヒーラーとして、活躍している人です。ジュディスさんは、不思議な体験をしました。

「私が10歳のときでした。いろんなお面がたくさん出てくるビジョン（幻視体験）を見たことがありました。お面は赤・黒・黄・白・青と様々でした。そしてそのビジョンによると、そのお面は世界各地から、ある所に集まってセレモニーをするだろう、と言うものでした。本の事象展開を見ることとなった。